Rike Wolf und Tom Wolf

111 Orte in Brandenburg, die man gesehen haben muss

emons:

Für unsere lieben Freunde
Ilona Kolar und Ernst Karlipp

Bibliografische Information der Deutschen Nationalbibliothek
Die Deutsche Nationalbibliothek verzeichnet diese Publikation in der Deutschen Nationalbibliografie; detaillierte bibliografische Daten sind im Internet über http://dnb.d-nb.de abrufbar.

MIX
Papier aus verantwortungsvollen Quellen
FSC® C010135
FSC
www.fsc.org

Gestaltung: Eva Kraskes, nach einem Konzept
von Lübbeke | Naumann | Thoben
Kartografie: altancicek.design, www.altancicek.de
Kartenbasisinformationen aus Openstreetmap,
© OpenStreetMap-Mitwirkende, ODbL
Druck und Bindung: B.O.S.S Druck und Medien GmbH, Goch
Printed in Germany 2013
ISBN 978-3-95451-235-5
Originalausgabe

Vorwort

Einige der hier vorgestellten Orte sind längst über die Landesgrenzen hinaus bekannt, aber zu einzigartig, um in diesem Buch fehlen zu dürfen, so etwa der »Liegende Eiffelturm« bei Lichterfeld, die Slawenburg bei Raddusch und das »Theater am Rand« in Zollbrücke, wo zwei leidenschaftliche Kulturträger die raue Natur des Oderbruchs direkt in ihr ganzheitliches Konzept eingebunden haben. Vieles aber ist fast völlig unbekannt und entdeckenswert: Hätten Sie gewusst, dass der kleine Ort Kummersdorf die eigentliche Wiege der Raumfahrt ist? In einem beispiellosen, rein privat auf die Beine gestellten Museum ist neuerdings ein Modell des »Aggregats 2« von Wernher von Braun zu sehen. War Ihnen bekannt, dass in Neuruppin mit nichts als Idealismus das herrliche Architekturensemble des »Up-hus-Idylls« erhalten werden konnte? Wer hätte geahnt, dass die Fallschirmsprungschule, die Johannes Mario Simmel in seinem Weltbestseller »Es muss nicht immer Kaviar sein« so anschaulich beschreibt, nahe Wittstock denkmalgeschützt verrottet? Oder dass ein rostiger Stasi-Abhörturm im Wald bei Rhinow mit der Kabelverbindung nach West-Berlin zu tun hatte?

Natürlich ist viel Militärisches darunter, aber bei einem Land, so übervoll an munitionsverseuchten ehemaligen Sperrgebieten und einst zentralen Schaltstellen des Ostblocks, ist das kaum verwunderlich. DDR-Planwirtschaft und Wendezeit-Strukturwandel haben viele der hier vorgestellten Orte einschneidend verändert – hier hat vor allem die Niederlausitz eine so dramatische Geschichte hinter sich, dass es sich mit wenigen Worten kaum fassen lässt. Zum Glück liefern die Brandenburger das beste Beispiel für den produktiven Umgang mit der Vergangenheit. Ihr Überlebenscredo lautet: Bewahre und gewinne zurück, was immer du kannst, aber verschließe dich nicht dem Neuen! Die einzigartige Situation, dass eine nationale Minderheit mit reicher Geschichte – die Sorben – zur nach außen hin prägenden Kraft im Süden wurde, lässt hoffen, dass Brandenburg irgendwann doch noch der Phönix aus der Sandbüchse wird.

111 Orte

1 Die Halbinsel Pritzen

Dem Tod von der Schippe gesprungen

Die Wege der Lausitzer Tagebaue sind unergründlich. Der Tagebau Greifenhain etwa, westlich von Drebkau, schlängelte sich seit 1934/35 zum Schutz einiger Orte wie eine Kobra um mehrere »Drehpunkte«. Doch Profitgier obsiegte allen guten Vorsätzen: 1973 beschloss der Rat des Kreises Calau, das Dörfchen Pritzen zu opfern. Zwei Ortsteile, Nebendorf und Neudorf verschwanden als erste, 1976 und 1982. 1986 hatten von 106 Familien bereits 64 Pritzen verlassen, das bereits auf einer Halbinsel freigestellt war.

Auf massive Intervention der Denkmalsbehörde des Bezirkes Cottbus wurde immerhin beschlossen, die wertvolle Pritzener Auferstehungskirche zu retten – in der Geschichte des DDR-Braunkohlebergbaus ein seltener Vorgang. Nach einem tränenreichen Gottesdienst am 28. Februar 1988, bei dem das Dorf und die Kirche voneinander Abschied nahmen, begann die Demontage: 25.000 Dachziegel, 6.000 Bodenplatten und 14.000 Kanthölzer wurden fachgerecht abgebaut und eingelagert. Nahe dem Neubaugebiet Schomberg bei Spremberg, wo schon zahlreiche Kohleumsiedler lebten, begann die Rekonstruktion der Pritzener Dorfkirche an der Drebkauer Straße in Richtung Pritzen, die durch den Tagebau unterbrochen wurde.

Dann kam die Wende, und die Pritzener jubelten, denn die Absatzprognosen der Lausitzer Kohle gingen in den Keller. Als 1992 der Tagebau Greifenhain nach annähernd 60 Jahren geschlossen wurde, war Pritzen gerettet. Die letzten 31 Einwohner fuhren nach Spremberg und forderten ihre Kirche zurück. Vergebens. Pritzen erhielt als Notkirche den hölzernen Glockenturm aus dem verwüsteten Dorf Wolkenberg. Als die ehemals Pritzener, jetzt Spremberger Auferstehungskirche 1994 eröffnet wurde, feierten die Bergbauumsiedler und die geretteten Pritzener in der umgesiedelten Kirche innig miteinander die kirchliche Wiedergeburt. Der Glaube an Gott ist ihre einzige unzerstörbare Heimat.

Adresse 03229 Altdöbern OT Pritzen | **Pkw** A 13 Ausfahrt Großräschen, B 96 und B 169 Richtung Cottbus, in Lindchen links ab, über Leeskow und Lubochow nach Pritzen | **Tipp** An den Informationstafeln vorm »Gasthaus am See«, Dorfstraße 16, kann man sich über die Dorfgeschichte, aber vor allem auch über die Halbinsel als Land-Art-Gallery informieren.

2 Die Versuchsstelle

Das größte technische Denkmal des Landes

Kummersdorf-Gut ist ein kleiner geheimnisumwitterter Fleck auf der Landkarte der militärischen Sperrgebiete. Hier reicht die Tradition von der Sowjetarmee und Wehrmacht über die Reichswehr der Weimarer Republik bis ins kaiserliche Deutsche Heer zurück, als man fern der Hauptstadt begann, mit Kanonen auf Spatzen und Stahlbetonplatten zu schießen. Erst ging es nur um Ziel- und Feuertechnik, dann wurde Kummersdorf zur Heeresversuchsanstalt. Raketenbaron Wernher von Braun entwickelte dort die Vorläufer der Raketentriebwerke von Peenemünde, weshalb sich Kummersdorf stolz die »Geburtsstätte der Raumfahrt« nennt.

Weniger bekannt als Braun sind die übrigen Forscher und Forschungen in der um 1930 entstandenen »Versuchsstelle Gottow« auf den Gebieten der Elektronik, Akustik, Atomphysik und Chemie. Wer kennt etwa den Vater des N-Stoffes, Wolfram Eschenbach? Die aggressive, anorganische Fluorverbindung, die selbst schwer entflammbare Stoffe in Brand setzen konnte, brachte es bis zur Serienfertigung in einer riesigen unterirdischen Produktionsfabrik bei Falkenhagen. Auch Kurt Diebner, der heimliche Rivale Werner Heisenbergs, ist wenig bekannt. In der Hochphase des Zweiten Weltkriegs lieferten sich diese beiden ein Wettrennen um die erste kritische Uranmaschine. Kurt Diebner hätte es beinahe gewonnen. Seine Anordnung der Uranwürfel war derjenigen Heisenbergs im schwäbischen Haigerloch überlegen.

In kundiger Begleitung durch einen der Fachleute des Historisch-Technischen Museums – einer beispielhaften Privatgründung – kann man vieles Erstaunliche besichtigen. Was zu sehen ist, hängt davon ab, wie schnell die Munitionsberäumung fortschreitet. Im Museum im ehemaligen Konsum mangelt es aber nicht an Modellen und brisantem Zündstoff. Ein Highlight neben vielen anderen ist das Modell der ersten Braun'schen Rakete, des »Aggregats 2« im Maßstab 1:1.

Adresse Konsumstraße 5, 15838 Am Mellensee OT Kummersdorf-Gut, Tel. 033703/77048, www.museum-kummersdorf.de | **Pkw** B 101 bis Luckenwalde, dann über Gottow, Schönefeld nach Kummersdorf-Gut | **Öffnungszeiten** Di – Fr 8.30 – 14 Uhr, So 13 – 17 Uhr | **Tipp** In der nahen Bunkerstadt Wünsdorf findet man ein »booktown« nach englischem Vorbild: jede Menge antiquarische Bücher!

3 Die Gipsbrüche

Das weiße Gold im Teltow-Fläming

Aus dem märkischen Sand ragen nur wenige echte Felsen auf. Der Gipshut von Sperenberg ist daher eine wirkliche Besonderheit. 700 Jahre lang wurde hier Gips abgebaut und gebrannt. Auf großen Tafeln und mit viel Natur als Anschauungsmaterial erzählt der Boden-Geo-Pfad allen, die noch gut zu Fuß sind, die Geschichte des Sperenberger Gipses. Das ist nichts für Eilige, die mit dem Auto bis zum Aussichtspunkt fahren wollen. Ein Stündchen muss schon drin sein, und über steile Treppen klettern muss man können!

Der Gips bildete sich aus Lösungsrückständen, als das Grundwasser den Salzstock nach der letzten Kaltzeit auszulaugen begann. Freilich kann man den Gips auch in natura sehen, im alten Bruch I etwa, in den ein romantischer Felspfad hinabführt. Hier steht das Gipsgestein noch weißlich, gräulich, bräunlich »in der Wand«, wo es gebrochen wurde.

Andernorts ragt es grau-verwittert und zuckerhutförmig am Waldhang auf. Die 79,80 Meter hohe, jähe Erhebung des Sperenberger Gipsberges ist die Spitze des östlichsten deutschen Salzstockes. Hinter Bruch IV ist der einzige »Erdfall« Brandenburgs zu bewundern – eine durch Auslaugung im Salzstock entstandene lotrecht abfallende Höhlung, die sich durch nachrutschendes Oberflächensediment wieder teilweise gefüllt hat.

Vom Weg an der oberen Kante der Steinbrüche hat man herrliche Ausblicke auf die Teiche, die in den ehemaligen Tiefbauen entstanden sind. Einmal, für 15 Jahre, hatte Sperenberg sogar das tiefste Bohrloch der Welt: 1871 erreichte man nahe am Bruch II nach vier Jahren Bohrzeit eine sagenhafte Tiefe von 1271,60 Metern und entdeckte, dass die Temperatur mit zunehmender Tiefe stieg. Alle 33,70 Meter kletterte das Thermometer um ein Grad Kelvin. Die Temperatur in den Wanderern, gleich welchen Geschlechts, steigt dagegen mit zunehmender Steigung und fällt wieder mit dem Gefälle. So soll es, ja – so muss es sein!

Adresse 15838 Am Mellensee OT Sperenberg, www.boden-geo-pfad.de | Pkw B 96 von Berlin, in Wünsdorf rechts ab, über Klausdorf nach Sperenberg. Der Rundweg beginnt an der Kirche. | Tipp Der Boden-Geo-Pfad führt auch zu den sehr interessanten Klausdorfer Tongruben. Vom Aussichtsturm oberhalb der Gipsbrüche hat man eine schöne und oft sehr stürmische Aussicht. Achtung: Mützen festhalten!

4 Die Ketzerführung

Auf den Spuren der »Armen von Lyon«

Gleich drei verschiedene Deutungen hatte Theodor Fontane für die Bezeichnung »Ketzer-Angermünde« parat. Bei den Tuchmachern sei »Ketzer« eine Spindel voll Garn. Ferner könne »Ketzer« so viel wie »Kietzer«, also Siedler bedeuten. Oder es seien die Abtrünnigen der katholischen Kirche gemeint. Fontane selbst hielt alle drei Annahmen für richtig und bevorzugte die letzte. Mehr als den kurzen Hinweis auf 14 Bewohner der Stadt, die 1336 als Luciferaner verbrannt wurden, liefert Fontane nicht.

Wenn es die Ketzerführung zu seiner Zeit schon gegeben hätte, hätte Markwanderer Fontane sicherlich teilgenommen. Die Besucher versammeln sich nach Einbruch der Dunkelheit. Geleitet von Schauspielern in mittelalterlichen Kostümen, tauchen sie noch einmal in die Welt des uralten Angermünde ein.

Die Ketzer waren sogenannte Waldenser, nach heutigem Verständnis Protestanten vor Beginn der Reformation: eine kleine Sekte französischen Ursprungs, die sich selbst als »die Armen von Lyon« bezeichnete. In Frankreich verfolgt, hofften sie, in der Uckermark geduldet zu werden. Doch in den ehemals slawisch besiedelten Gebieten wurde die Missionierung aggressiv betrieben. Die imposante Größe der neuen Kirchen war ein Statement der Katholiken und ihres gewaltigen Machtanspruchs.

Im schwelenden Streit zwischen Kaisertum und Papsttum war Ludwig von Wittelsbach, Kaiser des Heiligen Römischen Reiches, beim Vatikan in Ungnade gefallen. Um seine Loyalität gegenüber der Kirche zu bekräftigen, ließ er 1336 im Schauprozess 300 Waldenser unter Folter nach ihrem Glauben befragen und 14 Abweichler lebendig auf dem Marktplatz verbrennen. In der »Magdeburger Schöppenchronik« verzeichnete Johann von Winterthur ihre Hinrichtung. Er nennt die Christen herabwürdigend Luciferaner, sprich Teufelsanbeter. Als solche gingen sie in die Geschichte ein und wurden bis in Fontanes Zeit überliefert.

Adresse Tourismusverein Angermünde, Brüderstraße 20, 16278 Angermünde, Tel. 03331/297660 | **Pkw** A 11 Ausfahrt Joachimsthal, dann B 198 bis Angermünde | **Tipp** Im »Keller No. 1«, dem beliebtesten Restaurant im Ort, liefert die Gewölbedecke mittelalterliches Flair.

5 Das Dippmannsdorfer Paradies

Baden in klarem Quellwasser

Dippmannsdorf ist mit der Silbermedaille des Bundeswettbewerbs »Unser Dorf hat Zukunft« ausgezeichnet worden und glänzt in der Liste der schönsten Dörfer Deutschlands. Aus mehr als 50 kleinen Quellen sprudelt das kristallklare Wasser im »Dippmannsdorfer Paradies« und lockt naturbegeisterte Ausflügler und Radwanderer in die Region. Auch steht im Dorf eine mehr als 400 Jahre alte Mühle, deren Mühlrad noch heute mit Quellwasser aus dem Dippmannsdorfer Paradies betrieben wird. Reizvoll liegt der kleine Ort am 147 Kilometer langen Burgenwanderweg, der von Burg zu Burg durch den Naturpark führt. In bester Luft und wilder Natur verläuft die traditionsreiche Wanderstrecke zur Burg Eisenhardt in Belzig, Burg Rabenstein in Raben, zum Schloss Wiesenburg und der Bischofsresidenz Ziesar.

Im Sommer 1998 eröffnete das kleine Freiluftbad mit Quellwasser. Ein Naturbadeteich trat an die Stelle einer ehemaligen konventionellen Schwimmbeckenanlage. Das Konzept wurde im Einklang mit der Natur erdacht und entwickelt. Eine Schwallanlage versorgt den Naturbadeteich mit Wasser aus den Quellen, in einer Schilfklärzone wird das Wasser gereinigt. Quellwasser hat einen klaren, reinen Geschmack und ist von der Kosmetikindustrie vor Jahren für die exklusive Gesichtspflege entdeckt worden. Auf der Haut wirkt es heilend und entspannend. Was könnte dem feinstaubgeplagten Berliner gelegener kommen?

Dippmannsdorfs Jungbrunnen liegt im Naturpark »Hoher Fläming«. Die kleine Badeanstalt ist familiär und beschaulich, mit Nichtschwimmerbereich und Badeinsel. Zudem laden naturbelassene Liegewiesen und Sandflächen am Ufer zum Ausruhen und Dösen ein. Prickelnd erfrischte Haut, sanftes Behagen und dazu leises Schilfrauschen vom Wasser her … mal was anderes als der Wannsee!

Adresse Freibadstraße 6A, 14806 Bad Belzig OT Dippmannsdorf | **Pkw** A 2 Ausfahrt Brandenburg an der Havel, B 102 bis Dippmannsdorf | **Öffnungszeiten** witterungsabhängig, bitte erfragen: Tel. 033841/31011 | **Tipp** Die Dippmannsdorfer Hexenbuche mit ihrem abenteuerlich über den Hang greifenden Wurzelwerk ist leicht zu Fuß zu erreichen – Wegweiser stehen vor Ort.

6 Der Mittelpunkt der DDR

Von wegen »ehemalige« DDR!

Mitten im Weitzgrund, hinter einem Ort mit dem melancholischen Namen Verlorenwasser, liegt der Mittelpunkt der DDR. Den heute üblichen Sprachgebrauch »ehemalige DDR« quittiert Klaus Nichelmann, pensionierter Ingenieur und Vorsitzender des Vereins Pro Belzig, mit würdevollem Kopfschütteln. Ob es etwa eine neue DDR gäbe? Natürlich nicht. Da sei es, zumindest logisch betrachtet, ja doch reichlich albern, von einer ehemaligen DDR zu sprechen, nicht wahr? Das kann man nicht bestreiten.

An Christi Himmelfahrt, dem »Herrentag« der BRD und »Männertag« der DDR, ist jedes Jahr schwer was los. Offiziell dauert das gesamtdeutsche Volksfest fünf Stunden, getreu dem Motto: »Von elf bis vier, nicht nur Ossis hier!« Danach sollen Rabe, Fuchs und Hase wieder ihre Ruhe haben. »Aber ich kann ja die Leute nicht aus dem Wald rausschmeißen!«, meint Herr Nichelmann. Den »Mittelpunktsgeist«, Nichelmanns erstklassigen Obstbrand, dreht man um den Mittelpunkt der DDR, bevor man ihn trinkt. Danach kann sich jeder urkundlich bestätigen lassen, am Mittelpunkt der DDR gewesen zu sein. Ein kurioses Souvenir ist auch die Findlingskerze des Vereins Pro Belzig, die dem dreieinhalb Tonnen schweren Pro-Belzig-Findling am Mittelpunkt maßstabgetreu nachgebildet ist. Durch das Engagement des Vereins ist Belzig der Kreissitz von Potsdam-Mittelmark geworden.

Den »Mittelmann« hat Bernd Schulze von der »Hirschtränke« in Verlorenwasser mit der Kettensäge aus einem Kiefernstamm geschnitzt. Im hinteren Pavillon sind Granitplatten mit den Umrissen Deutschlands und Mitteleuropas in den Boden eingelassen. Die Bolzen wurden in einer feierlichen Zeremonie vom Bürgermeister des jeweiligen Ortes eingeschlagen: Niederdorla in Thüringen ist Mittelpunkt der neuen BRD, Herbstein in Hessen war Mittelpunkt der ehemaligen BRD. Im oberpfälzischen Flossenbürg liegt der Mittelpunkt Mitteleuropas.

Adresse 14806 Bad Belzig OT Weitzgrund | **Pkw** A 9 Ausfahrt Niemegk, B 102 bis Bad Belzig, über Verlorenwasser bis Weitzgrund | **Öffnungszeiten** Historisch höchst interessante und amüsante Führungen zum Mittelpunkt der DDR bietet Klaus Nichelmann vom Pro Belzig e. V. an, Tel. 033841/42361 | **Tipp** Die Rummel »Steile Kieten« unweit des Bahnhofs von Bad Belzig ist ein für den Fläming typisches periglaziales Trockental.

7 Die Skisprungschanzen

Höher, schneller, weiter!

Im Stadtgebiet schwankt die Höhe um 155 Meter – selbst im thüringischen Oberhof sind es nur 125. Darauf gründet sich der Ehrgeiz der Bad Freienwalder, das nördlichste Skisprungzentrum Deutschlands zu werden! Der Wintersportverein nennt sich nach jenem sagenhaften Jahr, als man sich zum ersten »Märkischen Wintersporttag« rüstete, bei dem auf einer Skisprungschanze aus Schnee ein erstes Wettspringen stattfand. Weiten von sagenhaften sechs bis neun Metern wurden 1924 erzielt. Beim dritten Wintersporttag 1929 hatte man schon eine feste Naturschanze, auf der Norwegens Skilegende Birger Ruud, der spätere Olympiasieger von 1936, mit 24 Metern nur knapp den Schanzenrekord von 28 Metern verfehlte.

Die erste dauerhafte Papengrundschanze wurde mit Erweiterungen bis 1970 instand gehalten. Sprünge von bis zu 40 Metern hat sie ermöglicht. Doch irgendwann war sie verfallen und fast vergessen. Ironie des Schicksals: Als der Kalte Krieg endlich zu Ende war, bekam das eisige Vergnügen in Bad Freienwalde einen ungeahnten Neuaufschwung. Einige Skisprungnarren entwickelten hochfliegende Pläne und fanden willige Sponsoren. Heute weht die Dollarflagge der Sparkassenstiftung über vier Skisprungschanzen, die wie Orgelpfeifen nebeneinanderstehen und nach dem sogenannten K-Punkt K10, K21, K42 und K60 heißen.

Das alles sagt wenig, wenn man nicht selbst auf dem Turm der bislang höchsten Schanze, der K60, steht und sich vorstellt, auf zwei Sprungskiern in die Spur zu hopsen. Definitiv nur für schwindelfreie Alpinisten! Am 29. August 2009 sprang der Pole Tomasz Byrt (späterer Silbermedaillengewinner der Junioren-WM 2012) auf der K60-Schanze 71 Meter weit. Vollends in die Knie geht, wer hört, was die närrischen Leute im Freienwalder Forst planen: noch mehr Riesenschanzen und eine Wintersportarena mit 40.000 Zuschauerplätzen. Da kann Oberhof bald ganz einpacken.

Adresse Berliner Straße 97, 16259 Bad Freienwalde, Tel. 03344/419616 | **Pkw** B 158 von Berlin; kurz nach der steilen Ortseinfahrt überragt rechts der Sprungturm die Berliner Straße | **Öffnungszeiten** April–Okt. Di–So 10–17 Uhr; Nov.–März Do–So 11–16 Uhr | **Tipp** Von der 1820 gebauten künstlichen Ruine auf dem Weinberg hat man einen herrlichen Blick über die Altstadt ins Oderbruch, ja noch über die Oder hinaus nach Polen.

8 Der ZGS 14

Englands Geheimdienst blieb die Spucke weg

Der Zentrale Gefechtsstand ZGS 14 war *auch* ein Bunker. So wie das Raketenstartgelände Cape Canaveral *auch* eine Insel vor der Küste Floridas ist … Im Kriegsfall sollte im Fuchsbau keine Zivilbevölkerung untergebracht werden. Mit Hilfe von »Betriebsweise 2« im Kriegsfall, »Betriebsweise 3« nach einem atomaren Angriff und »Betriebsweise 3a« bei Einsatz von Napalm verwandelte sich der Gefechtsstand in einen Bunker, um die Belegschaft am Leben zu erhalten. Außer einem kleinen Kreis Eingeweihter wusste so gut wie niemand, dass sich hinter der Tarnbezeichnung »Raduga« (russ. Regenbogen) etwas völlig anderes als das offiziell so bezeichnete Forschungszentrum verbarg.

Zutritt zur unterirdischen, über 9.000 Quadratmeter großen, hochtechnisierten Anlage, die kleinstadtkompatible zwei Megawatt Leistung brachte, hatten nur diejenigen, die von hier aus den gesamten Luftraum der DDR überwachten. Im Dauereinsatz, 24 Stunden, sieben Tage die Woche. Zwei von ihnen sind der Museumsleiter und ehemalige Offizier Hans-Joachim Pötzsch, der unmittelbar dem Hauptgefechtsstand des Warschauer Vertrages in Minsk unterstand, und seine Frau. Wer im ZGS 14 Dienst hatte, war bei Alarm in drei Minuten am Arbeitsplatz. Beide Systeme provozierten sich gegenseitig, indem sie – so nah es ging – an die Grenze des anderen heranflogen.

Etwa zehn- bis zwölfmal wöchentlich, oft zur Mittagszeit, kamen Überschallflugzeuge der BRD angerast. Dann konnte keiner essen, in drei Minuten war jeder einsatzbereit. »Hunger macht böse, das wussten die genau«, erinnert sich der Museumsleiter. Erich Honecker gehörte nicht zu den prominenten Besuchern des ZGS 14. Dafür war Richard von Weizsäcker da. Die kenntnisreichsten Fragen stellte eine Gruppe britischer Geheimdienstmitarbeiter, die sich 2007 total perplex durch den Fuchsbau führen ließ und alles ganz genau erklärt haben wollte.

Adresse Am Fuchsbau 8a, 15526 Bad Saarow OT Petersdorf, Tel. 0174/4863724, www.bunkeranlage-fuchsbau.de | **Pkw** A 12 Ausfahrt Fürstenwalde-West, Landstraße Richtung Bad Saarow bis Petersdorf | **Öffnungszeiten** Führungen in der Regel Sa 10 Uhr (oder auf Anfrage) | **Tipp** Herrlich tafeln mit Seeblick kann man im 10 Kilometer entfernten Restaurant »Seeblick«, Parkstraße 10, 15517 Fürstenwalde-Trebus, www.restaurantseeblick.com.

9__Die Wunderblutkirche

Na, blutet's?

Bei ihrer Rückkehr vom Havelberger Kirchweihfest 1383 fanden die Wilsnacker ihre Kirche vom Feuer verwüstet. Raubritter Heinrich von Bülow, Hauptmann des Herzogs von Mecklenburg, hatte das abgeschiedene Prignitzer Dorf in Brand gesteckt, um die Leute aus Wilsnack zu vertreiben. In den schwelenden Trümmern seines Gotteshauses fand Wilsnacks Pfarrer Johannes Cabbuez drei vom Feuer unversehrte Hostien, auf denen wundersamerweise Blutstropfen schimmerten.

Durch seine Legende vom Wunderblut stieg Wilsnack zu einem der bedeutendsten Wallfahrtsziele Mitteleuropas auf. Im Vertrauen auf Gottes Gnade machten sich in Deutschland, Böhmen, Ungarn, Polen, Skandinavien und den Niederlanden zahlreiche Pilger zu Fuß auf den Weg zum heiligen Blut der Prignitz. Aus dem verwüsteten Dorf wurde eine blühende Stadt. Seinen Wohlstand verdankte Wilsnack dem Pilgerverkehr. Der Erlös aus dem Verkauf von Pilgerzeichen brachte so unerwartet hohe Summen ein, dass selbst der Wiederaufbau der zerstörten Kirche finanziert werden konnte.

Als schließlich die Bischöfe von Brandenburg, Havelberg und Lebus sowie der Erzbischof von Magdeburg den Wilsnackfahrern Ablässe versprachen, war der Aufstieg des Wallfahrtsortes nicht mehr aufzuhalten. Dank seiner vielen Herbergen und Gasthöfe entstand eine Infrastruktur, die bald die deutschen Städte- und Fürstentage und immer wohlhabendere Besucher nach Wilsnack lockte.

Heute gibt es die drei heiligen Bluthostien nicht mehr. Bereits 1552 warf Pastor Joachim Ellefeld, Protestant und entschiedener Gegner jeder Reliquienverehrung, ihre Überreste in einen Kohlenkessel. Dafür hat der alte Blutschrein mit kostbaren Malereien aus dem 15. Jahrhundert die Reformation heil überstanden. Noch immer wandern Jahr für Jahr viele Pilger zur Wunderblutkirche, deren erhabene Größe ihren Besuchern ein tiefes Gefühl von Kraft und Beständigkeit schenkt.

Adresse An der Nikolaikirche, 19336 Bad Wilsnack, Tel. 038791/2620 | **Pkw** B 5 über Kyritz, hinter Kreuzung mit der B 107 links über Kletzke nach Bad Wilsnack | **Öffnungszeiten** Mo – Sa 10 – 18 Uhr, So 11 – 18 Uhr; im Winter nur bis 16 Uhr | **Tipp** Der kircheneigene Laden gegenüber verkauft Produkte aus der Dritten Welt.

10_Das Museumsdorf Glashütte

Rostige und rosige Zeiten in Bullerbü

Ein Leben ohne Glas ist unvorstellbar. Doch die Arbeitsbedingungen an den Schmelzöfen schadeten der Gesundheit und brachten vielen Glasmachern den vorzeitigen Tod. Ein eigenes Häuschen mit Garten gleich bei der Glashütte sollte ein Anreiz sein und lockte viele Glasmacher an den idyllisch gelegenen Industriestandort. In der Solms'schen Glasfabrik Baruth wurden hochwertige Glaswaren produziert und in alle Welt exportiert.

Heute grasen Schafe in den verträumten Gärten. Nicht in allen. Auf der Wiese hinter dem beliebten Geschenkeladen »Ros(t)ige Zeiten« steht ein Schaf mit Sonderwunsch: Reife Bananen frisst es viel lieber als Grashalme. Die herzliche Inhaberin Cordula Albrecht, gelernte Pferdezüchterin und Floristin, war eine der ersten, die das Dorf nach der Wende aus dem Dornröschenschlaf weckten. Optimismus gehört bis heute dazu, hier nicht bloß zur Hochsaison, sondern das ganze Jahr über zu leben. Schaffen kann man das nur, weil alle zusammenhalten und sich gegenseitig helfen, egal, was kommt.

Das hat besondere Menschen nach Glashütte gelockt. Carola Lein, diplomierte Puppenspielerin, erzählt in ihrem Puppentheater »Schlenkerbein« Märchen aus alter Zeit. Künstlerin Gabriele Klose und ihr Mann haben einen Packschuppen in eine wunderschöne Galerie verwandelt. Bis zu fünf Ausstellungen jährlich präsentieren zeitgenössische Künstler aus Berlin und Brandenburg. Ein kleiner Galerieladen mit selbst gefertigtem Perlenschmuck und nostalgischem Spielzeug gehört dazu.

Ein Goldschmied, der Tomaten züchtet? Seine seltenen Tomatensorten haben Carsten Nienabers »Vegetabilienhandel« über Brandenburg hinaus bekannt gemacht. Schmuck aus Meisterhand gibt es in der Galerie »Packschuppen« und bei Diana Nikolaus im »Weiberfummel« zur aktuellen NOA-NOA-Kollektion.

Adresse Hüttenweg 2, 15837 Baruth / Mark OT Glashütte, Tel. 033704 / 67933, www.museumsdorf-glashuette.de | Pkw B 96 bis Baruth / Mark | Öffnungszeiten Di–So 10–17 Uhr | Tipp Im Museum Baruther Glashütte können Besucher selbst eine Glaskugel blasen. Ein sehenswerter 20-Tonnen-Glasblock liegt seit der Stilllegung 1980 im Schmelzofen.

11 Die Heilstätten

Das Spukschloss im Spargel

Tom Cruise war drin. Schimanski war drin. Polanski war drin. Jetzt wollen alle rein. Dem Eigentümer der charismatischen Immobilie hängt das Remmidemmi um die Lungenheilanstalt zum Hals raus, seit dort Nacht für Nacht besoffene Prolls den Bullen was husten. Doch die Anziehungskraft des verwitterten Gebäudes ist wirklich außergewöhnlich. Die großen Fenster erfüllten natürlich den Zweck, den Patienten möglichst viel frische Luft zu verschaffen. Aber was sind das für Fenster! Im Bereich A, der Abteilung für tuberkulosekranke Frauen, fällt das Licht durch wahre Jugendstilkunstwerke aus Glas. Säulenbögen und Kuppelhallen schaffen dazu ein morbid venezianisches Flair.

Verführt von sakraler Romantik und pastoralem Verfall ließen sich internationale Filmproduzenten von der schaurig-melancholischen Kulisse nach Beelitz locken und machten sie weltbekannt. 1995 drehte Detlev Buck hier »Männerpension«. Götz George stand vier Jahre später für den Fernsehfilm »Racheengel – Die Stimme aus dem Dunkeln« in den gespenstischen Sälen vor der Kamera. Die Beelitzer Heilstätten waren 2001 Drehort für Roman Polanskis überragenden, mit mehreren Oscars ausgezeichneten Film »Der Pianist«. Schließlich kam sogar Tom Cruise.

Für den 2008 erschienenen Film »Operation Walküre – Das Stauffenberg Attentat«, dem große Auszeichnungen versagt blieben, drehte Hollywood in Beelitz.

Vor dem ehemaligen Männersanatorium steht als Wächter die monumentale Betonplastik zum »Ruhm der Helden der Sowjetunion«. Der russische Künstler Wladimir B. Amokow ist Arzt und hat selbst in den Beelitzer Heilstätten praktiziert. Bis 1994 waren sie russisches Militärhospital, das größte außerhalb der Sowjetunion. Der ehemalige Staatsratsvorsitzende der DDR Erich Honecker wurde 1990 mit Leberkrebs eingeliefert. Als verwundeter Gefreiter im Ersten Weltkrieg lag Adolf Hitler 1916 im Beelitzer Lazarett.

Adresse 14547 Beelitz OT Beelitz-Heilstätten | **Pkw** A 9 Ausfahrt Beelitz-Heilstätten | **Öffnungszeiten** Die Beelitzer Heilstätten können im Rahmen einer Foto-Tour in die Räume (www.go2know.de, Tel. 030/32509366) beziehungsweise einer Außenführung um die Gebäude (Irene Krause, Tel. 033204/61262) besichtigt werden. | **Tipp** Im Beelitzer Spargelmuseum in Schlunkendorf erfährt man alles über die begehrte Stange. Öffnungszeiten April–Juni Mo–So 10–16 Uhr; Juli–März auf Anfrage, Tel. 033204/42112.

12 Das Schukurama

Beeskows »Ice Guerilla« holte Gold

Wie hängt ein dicht gemachtes Kino mit dem besten Vanilleeis Deutschlands zusammen? Als in der malerischen Burgstadt Beeskow (niedersorbisch Bezkow) an der Spree das kleine Stadtkino schloss, fragte Filmliebhaber Ralf Schulze beim Stadtkämmerer nach, ob man da nichts machen könne. Kurz und überraschend fiel die Antwort aus: »Mach es selbst!« So war der neue Betreiber gefunden, und Beeskow blieb Kinostandort. Gemeinsam mit seiner Frau Monika stellte Ralf Schulze das Schukurama auf die Beine.

Drei Kinosäle, dazu drinnen die schicke Cocktaillounge und draußen eine Sonnenveranda. Fehlte nur noch eins. Was wäre ein Kinobesuch ohne Eiscreme? Natürlich hätten Schulzes das Eis aus dem Großmarkt holen können wie alle anderen Kinobetreiber auch. Aber das wollten sie nicht. So wurde der Kinobetreiber kurzerhand Eisfabrikant. Ralf Schulze fuhr nach Italien, entlockte den Meistern des Fachs ihre bestgehüteten Geheimnisse, probierte alles Mögliche aus und entdeckte dabei die Formel für das beste Vanilleeis Deutschlands. Sein Rezept erhielt eine Auszeichnung und machte ihn berühmt.

Beeskows »Ice Guerilla« trat im Vanillekampf auf einer Fachmesse in Stuttgart eiskalt und cool-cremig gegen annähernd 50 hauptsächlich italienische Mitstreiter an. Beeskows schmelzendzarte Eisverführung mit lang anhaltendem Vanillearoma und fluffig-süßer Sahnigkeit brachte die »Ice Guerilla« aufs Siegertreppchen. Italiens Vormachtstellung war gekippt, Beeskow siegte überragend mit dem allerbesten Vanilleeis. Das Schukurama variiert Siegervanille mit Zitroneneis und sprudelndem Prosecco auf frischen Erdbeeren. Lächelnde Gäste an allen Tischen, Eisbecher für Eisbecher geht's ins Paradies.

»Das beste Eis Deutschlands kommt aus einer kleinen Klitsche in Brandenburg«, kommentierte Gottschalk live. Was schert die »Ice Guerilla« Tommis Schnöselton? Ihr Eis war im Fernsehen!

Adresse Bahnhofstraße 14a, 15848 Beeskow, Tel. 03366/1520471, www.schukurama.de | **Pkw** A2 Ausfahrt Fürstenwalde-Ost, B168 bis Beeskow | **Öffnungszeiten** Mo–Sa täglich ab 12 Uhr, So ab 10 Uhr | **Tipp** Vom Bergfried der Burg kann man wie der einstige Turmwächter in jeden Hof der kleinen mittelalterlichen Stadt blicken.

13 Das Hans-Grade-Museum

»Das Fliegen ist keine Kunst …

… es gehört nur der Wille dazu«, meinte Hans Grade. Als er 1878 in Köslin geboren wurde, war Otto Lilienthal 30 Jahre alt. Das Lebenswerk der beiden genialen, obsessiven Flieger hat die Welt verändert und Brandenburg zur Wiege der deutschen Luftfahrt gemacht. Im Hans-Grade-Museum in Borkheide werden Leben und Arbeit des Flugpioniers an Bord einer historischen Iljuschin IL-18 ausgestellt. Zu Weltruhm gelangte Grade, als der Industrielle Karl Lanz sich entschloss, die rückständige deutsche Flugtechnik auf internationales Niveau zu heben.

Den »Lanz-Preis der Lüfte« sollte der Pilot bekommen, der in einer Achterschleife zwei Punkte in 1.000 Meter Abstand in seiner Maschine umrunden und zurück an die Startlinie fliegen konnte. Der Pilot musste deutsch sein, der Flugapparat in Deutschland gebaut und alle eingebauten Einzelteile in Deutschland gefertigt sein. Hans Grade baute ein einmotoriges Flugzeug mit einem Rumpf aus Stahlrohr und Bambusrohr. Tragfläche und Leitwerk (Flossen am Flugzeugheck) des Eindeckers bestanden aus einer Holzrippenkonstruktion und waren mit Segeltuch bespannt. Selbst den Vierzylinder-Zweitakt-Motor mit 16,3 Pferdestärken Leistung hatte Grade selbst entwickelt und gebaut.

Dann kam der große Tag. Am Samstag, den 30. Oktober 1909, nach nur zweimonatiger Probezeit, startete die »Libelle« auf dem Flugplatz von Johannisthal. Pilot Hans Grade saß außerhalb des Rumpfes seiner Einmotorigen, zwischen Tragfläche und Hauptfahrwerk und legte eine bravouröse Vorführung hin. Er erhielt das Preisgeld in Höhe von sagenhaften 40.000 Mark. Stifter Lanz strahlte. Das erste flugfähige deutsche Motorflugzeug hatte einen tadellosen Jungfernflug hingelegt.

Burkhard Ballin, Museumsleiter in Borkheide, Architekt und selbst ein begeisterter Flieger, will die »Libelle« im Maßstab 1:1 für sein Hans-Grade-Museum nachbauen und ausstellen.

Adresse Am Flugplatz, 14822 Borkheide, Tel. 0152/25230031, www.hans-grade.de | **Pkw** A 9 Ausfahrt Beelitz, ein Stück die B 246 Richtung Brück, rechts ab nach Borkheide | **Öffnungszeiten** April–Okt. Sa, So, feiertags 14–17 Uhr | **Tipp** Gespeist wie zu Hans Grades Zeiten wird im gründerzeitlich möblierten Hotel-Restaurant »Fliegerheim« in der Friedrich-Engels-Straße 9, 14822 Borkheide, www.fliegerheim.de.

14 Die Jugendkulturfabrik

Rebels for Youth

Mit Mahnwachen an der Stasi-Zentrale Puschkinplatz und der linksalternativen Zeitung »Die Säge« fing nach der Wende der Aufbruch an. Damals spielte noch die Wanderdisko »Disinfected« in Clubräumen Brandenburgs. Nach jeweils einer Veranstaltung war meistens Schluss. Grund: schwerste gewalttätige Übergriffe auf die Partygäste. Kein Polizeibeamter wagte sich hin. Auf dem Packhofgelände am Ufer der Havel wurde die Party schließlich in der alten Volkswerft »Ernst Thälmann« sesshaft. Beim Berliner Sender Radio Fritz, damals frisch im Äther, saßen Moderatoren des Kult-Jugendsenders der DDR Radio DT 64, in dem verbotene Bands gespielt wurden, und brachten Fritz-Partys nach Brandenburg.

Im Frühjahr 1993 wurde dem leer stehenden Haus der Offiziere (HdO) vorübergehend die Ehre einer »kulturellen Besetzung« zuteil. Die letzten russischen Patrouillen räumten das Haus, für die war es das Finale vor ihrem Abzug aus Deutschland. Nach der Räumung folgten öffentliche Demonstrationen für die Förderung der Jugendkultur. Als prominenter Mitstreiter kam Dr. Motte »supporthalber« aus Berlin dazu. Die Jugendkulturfabrik (Jukufa) schaffte es auf die Tagesordnung der Stadtverordnetenversammlung. Nicht um dort zu stören, sondern um das trockene Hin und Her der Verhandlungen »kreativ zu unterbrechen«, kam der Verein der Jugendkulturfabrik mit seinen besten Breakdancern im Rathaus vorbei. Danach kaufte die Stadt das HdO, und Mieter wurden die Bands, Breakdancer und Konzertveranstalter der Jukufa.

Seitdem hat die Stadt an der Havel Konzertgeschichte geschrieben, die es mit Hamburg und Berlin aufnehmen kann. »Pothead« haben im Haus der Offiziere gespielt, »Jazzanova« war da, der »Bukowina Club« hat die Tanzfläche beben lassen, »Arrested Development« sind aufgetreten, und jetzt und für immer, neben den ganz Großen, gehen Jugendbands aus Brandenburg im HdO auf die Bühne.

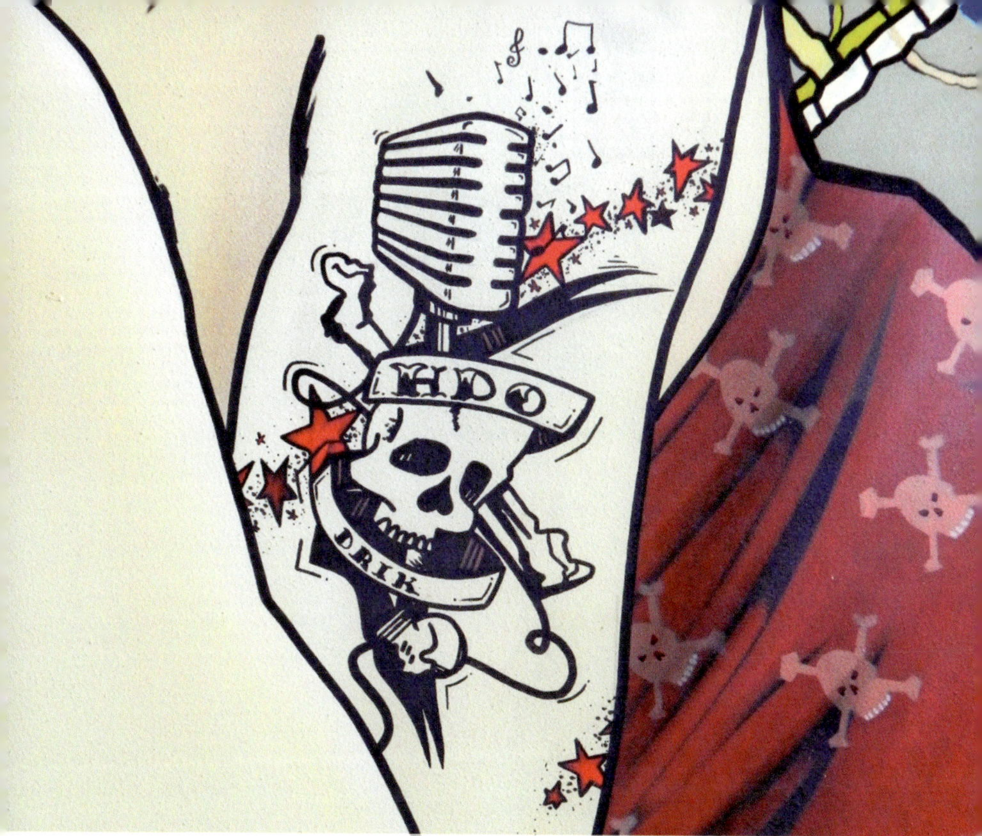

Adresse Haus der Offiziere, Magdeburger Straße 15, 14770 Brandenburg, Tel. 03381/3358011, www.jukufa.de | **Pkw** A 2 Ausfahrt Brandenburg an der Havel, Richtung Zentrum und Klinikum | **Öffnungszeiten** Barbereich »Baikonur« (öfter Filmvorführungen) Di 20–24 Uhr, Mi 20–23 Uhr, Do 20–1 Uhr | **Tipp** Nach einem Trip zur Friedenswarte auf dem Marienberg rastet und schmaust man gemütlich direkt an der Havel im »Fisch am Mühlendamm«.

15 Das Brecht-Weigel-Haus

»Das kleine Haus unter Bäumen«

Brecht kam 1948 in die sowjetisch besetzte Zone und wurde glänzend empfangen. 1952 zog er mit seiner Frau Helene Weigel ins gar nicht so kleine Haus unter Bäumen am Schermützelsee, das die beiden zu ihrem Sommersitz machten. Bert Brecht war Zeitzeuge der Weimarer Republik und der Weltwirtschaftskrise gewesen, die zu Massenarbeitslosigkeit und schließlich zum Faschismus führten. Der visionäre Dramatiker hielt nach dem Zweiten Weltkrieg den Beginn einer tiefgreifenden, gesellschaftlichen Erneuerung für gekommen. Sein Theater sollte ein Beitrag zur Revolution werden.

Brecht war Marxist und fest von der kommunistischen Gesellschaftsordnung überzeugt. Seine Radikalität ging jedoch selbst den Funktionären der KPD zu weit. Der marxistische Dichter, der selbst nie der KPD beitrat, wurde vom Führungskader als »dekadent« eingestuft. Für Brecht riss eine Kluft zwischen Kommunismus einerseits und kommunistischen Machthabern andererseits auf. Nach dem Arbeiteraufstand vom 17. Juni 1953 schrieb der Dichter in den »Buckower Elegien« sein Gedicht »Die Lösung« mit der berühmten Schlusszeile: »Wäre es da nicht doch einfacher, die Regierung löste das Volk auf und wählte ein anderes?«

1929 heirateten Weigel und Brecht, im darauffolgenden Jahr wurde ihre Tochter Barbara geboren. Die Ehe war weniger glücklich als die berufliche Zusammenarbeit. In Helene Weigel fand Brecht eine Künstlerin, die durch ihr ausdrucksstarkes Gesicht, ihre sanfte Stimme und feine Körpersprache seine Frauenfiguren weltberühmt machte.

Theaterkritiker Alfred Kerr schrieb über sie: »Frau Weigel, Marketenderin, tut sich hervor: durch einen festen Dauerschrei; straffes Gegell; Peitschenton; Schenkelprofil; Prallsprung. Wacker.« Im Berliner Ensemble zog Helene Weigel in ihrer Paraderolle als »Mutter Courage« den legendären Karren über die Bühne, der heute im Gartenhaus ausgestellt ist.

Adresse Bertolt-Brecht-Straße 30, 15377 Buckow (Märkische Schweiz), Tel. 033433/467, www.brechtweigelhaus.de | **Pkw** B 1 bis Müncheberg, B 168 Richtung Eberswalde, nach Waldsieversdorf rechts ab bis Buckow | **Öffnungszeiten** April–Okt. Mi–Fr 13–17 Uhr, Sa, So, feiertags 13–18 Uhr; Nov.–März Mi–Fr 10–12 und 13–16 Uhr, Sa, So 11–16 Uhr | **Tipp** Ein schöner verschlungener Uferpfad führt einmal rund um den idyllischen Schermützelsee. Danach lädt das kleine Antiquariat im Dorfkern zum Stöbern ein.

16 Der Goldborn

Kranker Promi in der Calauer Schweiz

Naturdenkmal Nummer 0725-4 ist sein bürgerlicher Name. Seine 173 Mitbürger im Norden des Oberspreewald-Lausitz-Kreises sind allesamt ausgewählte Einzelbäume, Findlinge und Quellen »sowie deren unmittelbare Umgebung, das sind 1,50 Meter vom Rand der Quelle«, und unter besonderen Schutz gestellt. Verboten sind »alle Handlungen, die zur Zerstörung und Beschädigung führen oder die Wahrnehmung des Naturdenkmals nachhaltig beeinträchtigen können«.

Es sieht nicht so aus, als ob den Goldborn bei Werchow etwas nachhaltig beeinträchtigen könnte. Eingefasst von einer etwas altbackenen Vorgartenmauer mit schmiedeeisernem Vorhang sprudelt er und sprudelt. Die Ableger seiner Rosskastanienmütze spielen mit den Sonnenstrahlen auf dem klaren Wasser … Doch das Idyll trügt: Der Goldborn schwächelt, auch wenn er noch besser dran ist als die meisten seiner Mitquellen. Früher schüttete die größte Naturquelle der Niederlausitz 1.000 Liter pro Minute aus – heute sind es noch gerade mal 434. Der Grund dafür ist die Grundwasserabsenkung durch den Braunkohletagebau. Die zitierte Kreisverordnung ist nur geduldiges Papier – der kranke Goldborn kann sich vor Gericht schwerlich gegen Vattenfall durchsetzen …

So muss man sich das kümmerliche, leicht alkalische Quellchen etwas lebendiger vorstellen, was in seiner etwas weiteren Umgebung nicht schwerfällt. Denkt man sich die triste Quelleinfassung und die schreckliche Raststätte für Radler und Wanderer in Sichtweite weg, so bleiben Wald, Wiese und Kühe. Bei seiner ersten Erwähnung im Jahr 1757 mag der »Göldne Born«, wie er auf der Karte von Pietrus Schenk heißt, ein richtig quietschfideler Quellbruder gewesen sein, so munter, dass die Kurfürstin Anna von Sachsen das Wasser in Dresden zu Heilzwecken nutzte. 1813 wurde kurzzeitig sogar ein Bäderbetrieb aufgenommen, aber nach vier Jahren wieder eingestellt. Lang, lang ist's her.

Adresse 03205 Calau OT Werchow | **Pkw** A 13 Ausfahrt Calau, geradeaus durch bis Werchow; am Parkplatz parken, zu Fuß etwa 5 Minuten bis zum Goldborn | **Tipp** In der »Stegschänke«, ein paar Meter weiter, kann sich der durstige Wanderer laben. Zur Verproviantierung für die weitere Erkundung der Calauer Schweiz empfiehlt sich die Landfleischerei Karl Löschen – dort, wo ohnehin schon das Auto parkt.

17 Das IKMZ der BTU

Die schönste technische Uni Deutschlands

Man sieht es unweigerlich und muss sofort auf dem Campus parken, um es genauer anzuschauen: das Informations-, Kommunikations- und Medienzentrum (IKMZ) der Brandenburgischen Technischen Universität Cottbus. 2004 gebaut, ist es der Höhepunkt der an baulichen Highlights schon damals nicht armen jungen Hochschule. Der Campus-Reader, den man im IKMZ erhält, führt durch eine bewegte DDR-Hochschul-Vorgeschichte.

Erst Landeshochbauschule, dann Hochschule für Bauwesen, anschließend – nach sechsjähriger Schließung, weil Ulbricht der Hochschulfasching zu systemkritisch war – linientreue DDR-Ingenieurhochschule für Bauwesen, im »Bildungszentrum« verbunden mit drei Fachschulen, zwei Betriebsberufsschulen und zwei Polytechnischen Oberschulen. Nach 1989 hieß sie »Hochschule für Bauwesen Cottbus«. 1991 wurde sie als »Technische Hochschule Cottbus« neu gegründet. Nach Aufnahme ins Hochschulbauförderprogramm 1994 erfolgte eine Umbenennung in »Brandenburgische Technische Universität Cottbus«. Neuerdings heißt sie übrigens, nach heftig umstrittener, von oben verordneter Fusion mit der Hochschule Lausitz, »BTU Cottbus-Senftenberg«.

Alles das ist nur Schall und Rauch, wenn man die baulichen Juwele bestaunt, die sich auf dem neuen Campus versammelt haben. Alt und Neu in traulicher Vereinigung, darunter beeindruckende Konstruktionen (wie etwa die Panta-Rhei-Halle oder das Ludwig-Leichhardt-Haus), wie es sich für eine Hochschule mit bauwissenschaftlicher Tradition auch gehört. Und natürlich und vor allem: das IKMZ, das 2007 die bei Architekten so begehrte Große Nike erhielt. Stundenlang möchte man von einem der Arbeitsplätze aus die staunend-gaffenden Besucher beobachten, deren T-Shirt-Farben mal schrill, mal Ton in Ton vor der poppigen Spindeltreppe erscheinen. Kann man sich hier eigentlich auf etwas anderes konzentrieren? Auf den Lehrstoff vielleicht? Lehrstoff?

Adresse Platz der deutschen Einheit 2, 03044 Cottbus, Tel. 035569/2277, www.tu-cottbus.de | **Pkw** A 15 Ausfahrt Cottbus-Süd, B 168 stadteinwärts, links in den Stadtring, rechts in die Bahnhofstraße und immer weiter, bis es rechts auf einem Grashügel auftaucht; keine Verwechslungsgefahr | **Öffnungszeiten** Mo–Fr 10–19 Uhr | **Tipp** Kunst mit Schwerpunkt Landschaft-Natur-Umwelt sammelt und präsentiert das Kunstmuseum Dieselkraftwerk, Am Amtsteich 15, 03046 Cottbus, Tel. 0355/49494040, www.museum-dkw.de.

18_Das sorbische Heimatmuseum

Witajśo k nam do Dešna!

Eigentlich heißt es nur Heimatmuseum. Doch Leiterin Babette Zenker ist mit dem Zusatz »sorbisch« sehr einverstanden, denn in ihrem Domowniski muzej Dešno geht es ja hauptsächlich um sorbisch/wendische Kultur. Ach, könnte man bloß Sorbisch! Am Tonfall ist aber leicht abzulesen, was sie einladend gesagt hat: Herzlich Willkommen in Dissen!

In den vergangenen Jahren war ihr Museum mit fast 10.000 Besuchern das bestbesuchte Museum im Spree-Neiße-Kreis. Hauptsächlich Schulklassen und Kindergruppen nutzen die museumspädagogischen Angebote. Die touristische Aufbereitung der sorbischen Kultur beschränkt sich meist auf Spielereien wie das Osterei-Bemalen oder die attraktiven Festspektakel. Dabei ist das Heimatmuseum Dissen sehr gut geeignet, etwas mehr von Geschichte und Kultur der noch heute höchst lebendigen nationalen Minderheit Brandenburgs zu erfahren. Man kann sich das schwere Leben der sorbisch/wendischen Bauern heute kaum mehr vorstellen. Wenn man in der nachgebauten Schlafstätte oder der kleinen Küche steht, bekommt man eine Ahnung von der einstigen Lebensmühsal.

Schmuckstück der Ausstellung ist die mit lebensgroßen Puppen besetzte Spinnstube. Babette Zenker zupft ärgerlich etwas Flachs von der Spindel, da sich offenkundig wieder ein Laie am Spinnrad vergriffen hat. Es sind funktionierende Spinnräder, im Gegensatz zum Andenken-Schrott, den man normalerweise sieht. Die Spinnerinnen tragen die niedersorbische Tracht, von der man 20 Varianten im sorbischen Heimatmuseum bewundern kann. Auf Wunsch wird auch die reich verzierte Dorfkirche mit ihrer einmaligen Pflanzen- und Tierbemalung und den sorbisch-deutschen Beschriftungen gezeigt. Neues Prunkstück des Museums ist ein kleines Freilichtmuseum hinterm Haus, wo ein Siedlungsausschnitt mit fünf Grubenhäusern zum Leben wie im slawischen Mittelalter einlädt. Einmalig für Kinder!

Adresse Hauptstraße 32, 03096 Dissen-Striesow OT Dissen, Tel. 035606/256365 | **Pkw** von Cottbus über Sielow nach Dissen | **Öffnungszeiten** Di, Mi, Do 9–16 Uhr, zusätzlich Ostern–Okt. Sa 11-15 Uhr, So, feiertags 14–17 Uhr (sonstige Termine gern nach Absprache) | **Tipp** Beim Rundgang durchs Storchendorf Dissen (mit einem im Sommer belegten Storchennest) zeigt sich ungetrübte dörfliche Idylle. Der Ausflug endet stilecht im »Wendischen Hof« – »Serbski dwór«.

19 Das Weißgerbermuseum

Eigelb, Pinkel, Hundeschiete

»In des Leders Werdegang/ ist die Hauptsach der Gestank./ Kalk, Alaun, Salz, Mehl, Arsen/ machen's gar recht weiß und schön./ Eigelb, Pinkel, Hundeschiete/ geben ihm besondre Güte./ Drum ist es ein Hochgenuß,/ auf den Handschuh zart ein Kuß.« Der alte Gerberspruch muss den Gestank heute ersetzen. Obwohl sich das europaweit einzigartige Weißgerbermuseum in Kirchhain in einem Gerberhaus von 1753 befindet, in dem bis 1947 feinstes Glacéleder hergestellt wurde, fehlt hier glücklicherweise das, was die Gerber in früheren Städten zur Gettoisierung zwang.

In Kirchhain siedelte sich das geruchsintensive Gerberhandwerk seit dem 17. Jahrhundert direkt an der Kleinen Elster an, deren weiches, eisenfreies Wasser für das Gelingen unverzichtbar war. Um 1900, als Etikette, Frack und Glacéhandschuh Hochkonjunktur hatten, waren es bis zu 100 Gerbereien, was der übrigen Stadt mitunter ziemlich gestunken haben mag. Immerhin den Geruch des fertigen Produkts kann man heute noch erahnen, wenn man eine der weiß gegerbten Häute in der Zurichtestube beschnuppert. Zu den Fellen von Wolf und Bär, die sich neben Schlangen- und Krokodilshäuten im Obergeschoss an den Wänden rekeln, hält man dagegen lieber Abstand.

Die Wandbilder im Werkstattteil zeigen mit markant sozialistisch-realistischen Zügen alle Stationen des Gerbvorganges, von der abgezogenen Tierhaut samt Fell bis zum fertigen weißen Handschuhleder. Besonderheit in diesem seit den 60er Jahren existierenden Museum sind die klug gestellten Werkzeuge und Arbeitsvorrichtungen, die von den Bildern zum Leben erweckt werden. Im moderneren Museumsteil in der Gerberstraße wird eine komplette industrielle Produktionsstraße gezeigt. Sachkundige Führungen (nach Voranmeldung) bieten weitere Informationen. Auch kann eine Bibliothek zur Technologie der Lederherstellung, -verarbeitung und Regionalgeschichte benutzt werden.

Adresse Potsdamer Straße 18, 03253 Doberlug-Kirchhain OT Kirchhain, Tel. 035322/2293, www.weissgerbermuseum.de | Pkw A 13 Ausfahrt Großräschen, B 96 bis Finsterwalde, weiter bis Doberlug-Kirchhain | Öffnungszeiten Di–Do 9–12 und 14–17 Uhr, Fr 10–12 und 14–16 Uhr, Sa nach Voranmeldung, So 14–16 Uhr | Tipp Spannend ist ein Besuch des Schlosses Doberlug (geöffnet von Mai bis September): Es ist ein sächsisches Renaissanceschloss in Brandenburg.

20 Das Eberswalder Ei

Ein Riesenspielzeug

Die Leistung steht im Guinnessbuch der Rekorde: Wilfried Schwuchows »Eberswalder Ei« ist seit 1999 die größte Taschenuhr der Welt. Sowohl die Abmessungen als auch das Gewicht wurden berücksichtigt. Das Ührchen hat seine 20 Tonnen. Der Deckel muss mit einer Motorseilwinde gehoben werden! Da fragt man sich doch, was man bei Guinness unter Taschenuhr versteht? Offensichtlich ist es nur erforderlich, dass sie so aussieht und ein weltbekannter Riese wie Gargantua sie locker in die Weste stecken könnte. Gargantuas Weste ist natürlich die größte der Welt, und so hat er sie vom ersten Aufstellungsort auf dem Gelände der Deutschen Bahn einfach so abgegriffen, in die schwertransportergroße linke Innentasche gesteckt und nach einem Trippelschritt in den abenteuerlichen Eberswalder Familiengarten gelegt, um große und kleine Menschen doppelt in Erstaunen zu versetzen.

Glaubt man dem Ei-Erbauer, war sein Vater – ein Reichsbahnschaffner – an allem Schuld. Die väterliche Taschenuhr war das absolute Messgerät, um die Ordnung von Bahn und Welt zu kontrollieren. Die bedingungslose Begeisterung für Pünktlichkeit, Mechanik und die Eisenbahn ist auf den Sohn übergegangen. Als dieser in den 70er Jahren die Aposteluhr des Altstädter Rathauses in Prag bewunderte, träumte er schon davon, einmal selbst als Erbauer eines Meisterwerks an mechanischer Kunstuhr Geschichte zu schreiben.

Am 11. September 1999 wurde dieser Traum Wirklichkeit: Begleitet vom Klang einer echten Schrankenglocke hob sich der riesige Uhrdeckel, und zum ersten Mal zog die kleine Dampflok ihre drei Güterwaggons in exakt einer Stunde 80 Meter weit durch das Uhrgehäuse. Seither zeigt Gargantuas Taschenuhr außer den üblichen Stunden und Minuten auch die Schienendistanzen zwischen Eberswalde und den großen Städten der Welt an, die Mondphasen, die Kalendertage und und und …

Adresse Am Alten Walzwerk 1, 16227 Eberswalde, Tel. 03334/384910, www.familiengarten-eberswalde.de | **Pkw** A 11 Ausfahrt Finowfurt, B 167 bis Eberswalde | **Öffnungszeiten** April–Okt. Mo, Do, Fr–So 10–18 Uhr, Di, Mi 10–16 Uhr | **Tipp** Wer sehen will, wo die berühmteste Wurst der DDR noch immer produziert wird, der besuche die Fabrikverkaufsstelle der »Eberswalder« in der Joachimsthaler Straße 100 in 16230 Britz, Tel. 03334/273545, www.eberswalder.de, Öffnungszeiten Mo–Mi 9–17 Uhr, Do 9–18 Uhr, Fr 9–17 Uhr.

21 Die DDR-Ausstellung

Öffnen Sie mal Ihre Tasche!

Die Mitarbeiter des »Dokumentationszentrums DDR-Alltagskultur«, untergebracht in der einstigen »Kinderkrippe II«, sind freundlich und zuvorkommend. Um sicherzustellen, dass nichts Falsches fotografiert wird, begleiten sie einen gern ganz unauffällig. Das Glasfenster von 1954/55, das mit hart errungener Sondererlaubnis abgelichtet werden darf, stammt übrigens vom DDR-Staatskünstler Walter Womacka, der auch das riesige Mosaik an der Magistrale und das Glasbild im Treppenhaus des Rathauses erschaffen durfte. Er nannte sein Werk »Aus dem Leben der Kinder«. Die Kinder in der DDR waren gut aufgehoben, das lässt sich nicht bestreiten.

Auch den DDR-Bürgerinnen und -Bürgern fehlte es nie an Aufsicht – daher passt der Ort der Unterbringung der Dokumentation (ehemaliger Kindergarten) hervorragend. Dass dieses »Zentrum« noch dazu in Eisenhüttenstadt steht, macht die Sache perfekt. »Stalinstadt« wurde ab 1951 so errichtet, wie die Staatsführung sich eine sozialistische Arbeiterstadt wünschte. Traumerfüllung der stalinistischen Eisen- und Betonköpfe. Und alles ist noch da – selbst das Stahlwerk arbeitet noch, wenn auch als Teilwerk des weltgrößten kapitalistischen Stahlherstellers ArcelorMittal.

»Stalinstadt« liefert jedem, der in den DDR-Alltag eintauchen und sich von Plaste und Elaste, von Heldenabzeichen und Durchhalteparolen, von Engpässen und Drangsalierungen beeindrucken lassen möchte, das trist-monumentale Drumherum. Die ständige Vertretung der DDR im Hier und Heute nennt sich denn auch »Ständige Ausstellung« und informiert beflissen über »Macht«, »Grenzen und Heimat«, »Bildung«, »Familie«, »Arbeit«, »Konsum«, »Kommunikation«, »Lebensweise« und »Milieus«. Unter diesem letzten Punkt sind übrigens die kritischen Kräfte subsumiert, die auf ein Ende der DDR hinwirkten. Wenn eine Anregung gestattet ist: Diese Kräfte könnte man ruhig auch etwas deutlicher »Systemkritik« nennen.

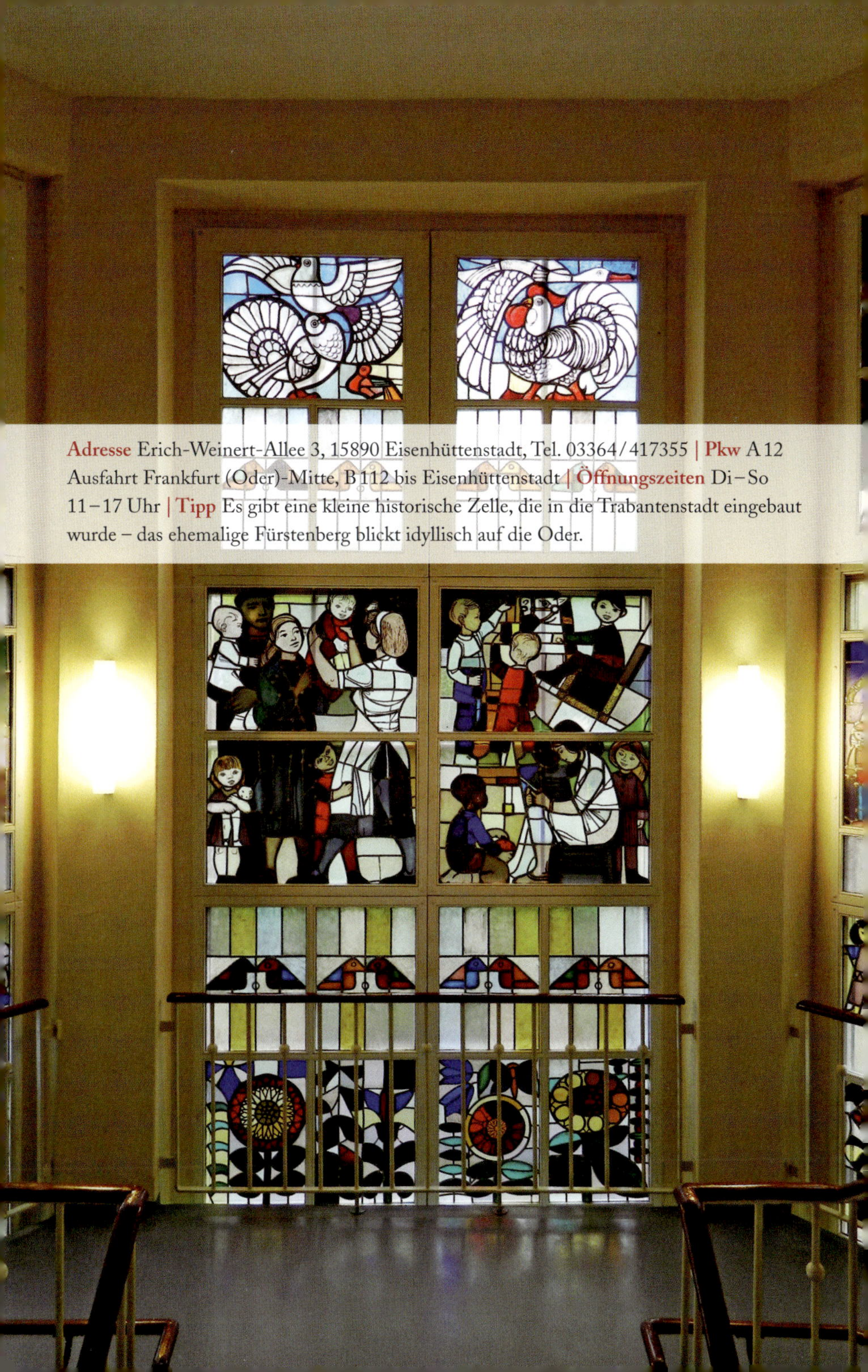

Adresse Erich-Weinert-Allee 3, 15890 Eisenhüttenstadt, Tel. 03364/417355 | **Pkw** A 12 Ausfahrt Frankfurt (Oder)-Mitte, B 112 bis Eisenhüttenstadt | **Öffnungszeiten** Di–So 11–17 Uhr | **Tipp** Es gibt eine kleine historische Zelle, die in die Trabantenstadt eingebaut wurde – das ehemalige Fürstenberg blickt idyllisch auf die Oder.

22 Der Ostdeutsche Rosengarten

Intimes Märchenbild märkischer Gartenkunst

Rosengärten gibt es viele – aber die Tuchmacherstadt Forst hat den schönsten. Alles begann 1913, als die Rosen- und Gartenausstellung RUGA überraschend von 350.000 Menschen in vier Monaten besucht wurde. Trotz gleichzeitiger Konkurrenzausstellungen in Breslau und Leipzig! Nach diesen drei Rosenschauen trugen die Forster Rosen den Preis davon. Im Oktober 1913 kaufte die Stadt Forst die Rosenpflanzungen auf, und der »Verein deutscher Rosenfreunde« nahm das RUGA-Gelände 1914 unter seine Fittiche.

Vom Skulpturenschmuck der ersten Rosen- und Gartenbauausstellung ist nach einem Jahrhundert im »Ostdeutschen Rosengarten« erstaunlich viel erhalten. Von den Brunnen sind vor allem der Fischbrunnen, der Bärenbrunnen und der Schlangenbrunnen noch original. Zum 100. Jubiläum wurde eine Kopie des Löwenbrunnens mit der Gruppe »Durstige Löwen«, einer der Höhepunkte von 1913, wieder aufgestellt. Die Plastik erhielt damals im Rahmen der Ausstellung eine silberne Medaille, verschwand jedoch nachher spurlos. Bei einer selbst als Replik noch 2,5 Tonnen schweren Figurengruppe ging da irgendwas nicht mit rechten Dingen zu … Warum dagegen das Hindenburg-Denkmal von 1936 nach 1945 verschwand, bedarf kaum weiterer Analyse.

Nach der fast völligen Verwüstung der Gartenanlagen am Ende des Zweiten Weltkriegs blühten schon 1953 wieder an die 20.000 Rosen. Die freiere Gestaltung des gesamten Parks begünstigte auch die Etablierung der jährlichen Rosengartenfesttage am letzten Juniwochenende, die mit der Krönung der neuen Rosenkönigin und der »Nacht der 1.000 Lichter« ihre Höhepunkte finden. Nun ja, und tolle Rosen gibt es natürlich im Sommer stets zu bewundern: Unter den 400 Arten auf Zehntausenden von Rosenstöcken sind auch eine grüne, eine Stacheldrahtrose und eine schwarze!

Adresse Wehrinselstraße 43, 03149 Forst (Lausitz), Tel. 03562/7548, www.rosengarten-forst.de | **Pkw** A 15 Ausfahrt Forst | **Öffnungszeiten** täglich ab 9 Uhr bis Einbruch der Dämmerung | **Tipp** Ein Spaziergang entlang der Neiße bietet sich an: Am Kegeldamm kann man, gemütlich im Gras sitzend, das kleine Flüsschen und die gesprengte Brücke nach Polen auf sich wirken lassen.

23 Das Archiv verschwundener Orte

Infos saugen gegen das Vergessen

»Gott hat die Lausitz erschaffen, aber der Teufel hat die Kohle darunter gelegt«, sagen die Sorben, und sie wissen, wovon sie reden, denn von den 136 Lausitzer Orten, die dem Braunkohletagebau geopfert wurden, waren die meisten sorbisch. 25.000 Menschen verloren ihre Heimat. Die 320 Einwohner des sorbischen Horno, die von der allmächtigen Vattenfall Europe Mining AG ein Ersatzheimatdorf erhielten, müssen beinahe als gottbegnadet gelten. Als der Tagebau Jänschwalde 2004 bis 2006 die Ortschaft schluckte, wurden sie in einen Stadtteil von Forst umgesiedelt, an dessen Gestaltung sie sogar mitwirken durften. Die neu erbaute Hornoer Kirche – mitten im neuen mustergültigen Angerdorf samt Dorfteich und den echten Hornoer Straßennamen – trägt nun immerhin die alte Turmhaube.

Diese Enteignung kostete den Energieriesen einiges an Kopfzerbrechen und Geld. Vielleicht war das der Grund dafür, dass Vattenfall ein Museum bezuschusste, das die Untaten der Energiegewinner dokumentiert. Im Dorfgemeinschaftshaus wird nicht nur gekegelt und gezecht, sondern auch an die Opfer des Bergbaus erinnert: Das Archiv verschwundener Orte informiert mit Witz und Hightech über das, was nun unwiederbringlich verloren ist.

Die Besucher fahren mit dem »Info-Sauger« über eine Teppich-Landkarte der Lausitzer Bergbauregion und erhalten auf einem Bildschirm Informationen zu den verschwundenen Orten. Dieses spielerische Orte-Monitoring macht die Ausmaße des riesigen Enteignungsvorgangs begreiflich, der noch immer nicht abgeschlossen ist. In Horno wird alles gesammelt, was an die »Devastierungen« (Zerstörungen, Verwüstungen) und die devastierten Orte erinnert. Solange dieses (ebenfalls von Vattenfall bezuschusste) Archiv existiert, wird keine Untat der Kohlemagnaten mehr so einfach unter den Teppich gekehrt werden können.

Adresse An der Dorfaue 9, 03149 Forst (Lausitz) OT Horno, Tel. 03562/694836, www.verschwundene-orte.de | Pkw A 15 Ausfahrt Forst, auf der B 112 durch Forst, kurz vor dem Ortsausgang rechts nach Horno | Öffnungszeiten Di–Do 10–17 Uhr, Fr–So 14–17 Uhr | Tipp Das wieder aufgebaute Dörfchen Horno ist einen besinnlichen Rundgang wert. Danach sollte man zum kühlen Bier im »Hornoer Krug« eine ruhige Kugel in der Kegelbahn schieben.

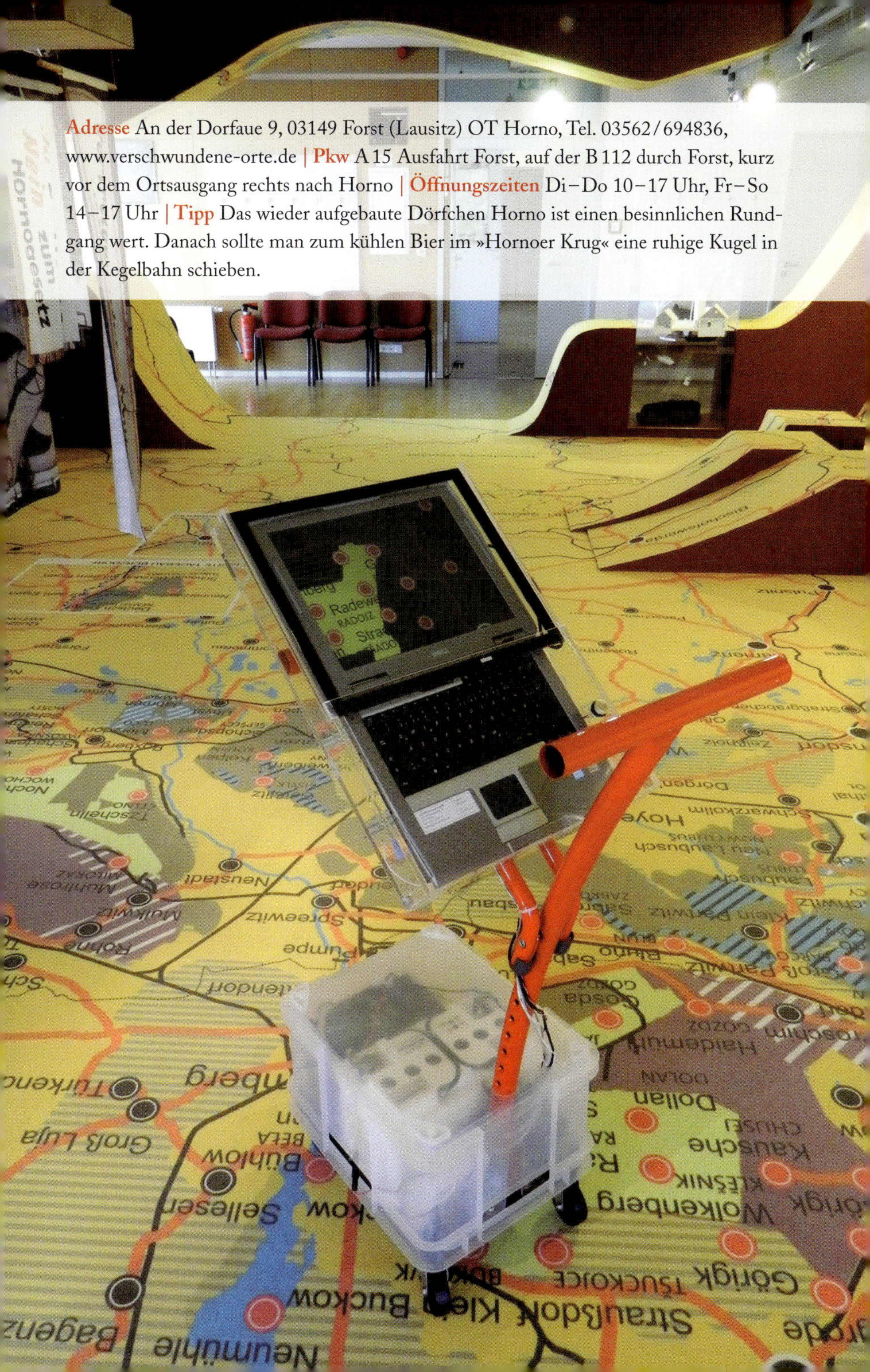

24__Der Oderturm

A restaurant with a view

Nur Flugzeugpassagiere im Luftraum über Frankfurt speisen höher als die Gäste des »Panorama Restaurants« im Oderturm. In der vorletzten Etage des Frankfurter Wahrzeichens reicht der Blick kilometerweit. Unten schlängelt sich die Oder und verbindet das wilde Hinterland des Oderbruchs mit den Straßenzügen und Hochhäusern der modernen Großstadt. Die Aussicht durch die großen Panoramafenster des höchsten Restaurants von Brandenburg zeigt die meisten Sehenswürdigkeiten der Stadt und reicht bis weit über die polnische Grenze.

Erbaut in den Jahren 1968 bis 1976 liegt der Oderturm, der damals »Zentrum-Hochhaus« hieß, in seiner nüchternen, funktionalistischen Stahl-und-Beton-Bauweise voll im Trend der Retrowelle und lockt scharenweise Architekturliebhaber an. Bis zum Dach misst er 88,95 Meter Höhe, die zu Fuß über 511 Treppenstufen erklommen werden können. Nachts strahlen auf allen vier Seiten der Dachfläche die Großbuchstaben »Der Oderturm« aus luftigen Höhen über Frankfurts Straßen. Ursprünglich als Bürogebäude geplant, hätte es der damals viel diskutierte Turm beinahe nicht über die dritte Etage hinaus geschafft, denn die Förderung des Wohnungsbaus hatte in der DDR höhere Priorität als die Errichtung vielstöckiger Verwaltungsgebäude.

Schon wenige Jahre nach der Wende wurde der Oderturm zielstrebig auf sein heutiges Format gebracht. Wo vorher ein »Delikat-Laden« und das Selbstbedienungsrestaurant »Schnell-Gastronom« untergebracht waren, entstand nach Entwürfen der Architektin Monika Krebs für über 100 Millionen Euro eine moderne Einkaufspassage. Die Buchhandlung »Ulrich von Hutten«, schon 1972 im »Zentrum-Hochhaus« vertreten, war 1993 mit neuen Geschäftsräumen dabei, als das Shopping-Paradies Oderturm mit mehr als 40 Läden eröffnet wurde. Die anschließenden Lenné-Passagen sind durch eine verglaste Fußgängerbrücke mit dem Oderturm verbunden.

Adresse Logenstraße 8, 15230 Frankfurt (Oder), www.turm24.de | **Pkw** A 12 Ausfahrt Frankfurt (Oder)-Mitte, Richtung Zentrum, das höchste Gebäude ist unübersehbar | **Öffnungszeiten** des »Panorama Restaurants« im Oderturm: täglich, auch an Feiertagen 11.30–24 Uhr | **Tipp** Der Ziegenwerder ist eine lang gestreckte Erholungsinsel für die ganze Familie, sogar mit Oderstrand – man läuft einfach zur Oder und hält sich rechts.

25 Der Taubenturm

Kleinstes Museum Brandenburgs

1862 kaufte Friedrich Wilhelm Graf von Redern das Gut Glambeck im Barnim, ließ den Schlosspark erweitern und den kleinen, achteckigen Taubenturm aufstellen, der sich bis heute erhalten hat. Graf Redern war Generalintendant der Königlichen Schauspiele in Berlin. Unter anderem oblag ihm die Verantwortlichkeit für das Berliner Schauspielhaus am Gendarmenmarkt und die Königliche Oper Unter den Linden. 1820 wurde seine selbst verfasste Oper »Christine, Königin von Schweden« dort uraufgeführt. Franz Liszt saß seinerzeit unter den Premierengästen.

Heute beherbergt der historische Taubenturm das kleinste Museum Brandenburgs und präsentiert in ständiger Ausstellung die Lebensstationen des Grafen Redern, der drei preußische Monarchen miterlebte und bis zu seinem Tod Oberstkämmerer am Hofe Kaiser Wilhelms I. war. Auf der winzigen Galerie im Turminnern können Besucher sich über Kopfhörer Graf Rederns Oper anhören und das Faksimile eines Briefes lesen, den Theodor Fontane etwa 1880 für seine Vertraute, Mathilde von Rohr, verfasste. Der Dichter war zum Grafen eingeladen worden und schrieb dazu:

»Kurzum, Montag kam und ich ging. Er war sehr gnädig, und ich kann die gute halbe Stunde, die ich bei ihm war, nicht zu den verlorenen zählen. [...] Er proponierte mir schließlich, ich solle seine Biographie schreiben. Natürlich war ich gleich gewillt, es nicht zu tun. [...] Ich hab in dem Verkehr mit Hof und Hofleuten ein Haar gefunden; sie bezahlen nur mit ›Ehre‹, und da diese ganze Ehre auch nicht den Wert einer altbackenen Semmel für mich hat, so wird es für mich nicht schwer, darauf zu verzichten.«

Jenes Palais des Grafen stand übrigens Unter den Linden 1 und wurde 1905 von Lorenz Adlon abgerissen, der dort das Hotel Adlon baute. Die Lebenserinnerungen des Grafen schrieb schließlich Georg Horn. Sie wurden bei Hofe ohne Wohlwollen zur Kenntnis genommen und blieben unveröffentlicht.

Adresse Wolletzer Weg, 16247 Friedrichswalde OT Glambeck | Pkw A 11 Ausfahrt Joachimsthal, Richtung Friedrichswalde, rechts ab nach Glambeck | Öffnungszeiten ganzjährig 10–18 Uhr | Tipp Der Kunst- und Kulturpfad führt unter anderem zum BIORAMA-Aussichtsturm in Joachimsthal, wo man mit Glück einen Blick zum Berliner Fernsehturm senden kann.

26 Die Raketenkatastrophe

Da hätte vielleicht alles vorbei sein können …

Am 14. August 1977, einem schwülwarmen Spätsommertag, zieht bei Dannenwalde nahe Gransee ein heftiges Gewitter auf. In einem riesigen, mehrfach gesicherten Waldareal sind Teile der 2. Sowjetischen Gardepanzerarmee stationiert. In gut getarnten Sheltern – noch von den Nazis angelegt, aber nie genutzt – lagern russische Waffen. Der Platz reicht bei Weitem nicht aus für das, was man heranschafft. Artillerieraketen werden zur Not einfach im Freien in Metallkisten abgestellt. Jetzt sucht sich ein Blitz eine davon aus …

In mehreren Stunden fliegen insgesamt 780 Geschosse unkontrolliert durch die Gegend. Eine abgebrannte Rakete durchschlägt ein Hausdach und landet in einem leeren Kinderbett. Das nahe Atomkraftwerk Rheinsberg bleibt glücklicherweise ungetroffen. Im Dannenwalder Sperrgebiet aber ist die Hölle los. Ein Munitionszug kann vor der Einfahrt aufs Gelände gestoppt werden. Drinnen brennt der Wald um die aufgestapelten Katjuscha-Raketen. Mit Kettenfahrzeugen schieben die Soldaten Sand auf die noch ruhenden Geschosse. Ein russisches Roulette, bei dem zwischen 70 und 300 Sowjetsoldaten sterben – die genaue Zahl kennt man bis heute nicht.

Spaziert man hinter der Bahnbrücke links in den Wald, endet der Betonweg bald an Warnschildern mit rotem Punkt und Explosionssymbol. Ein leerer Feuerlöscher steckt in einer Kugel aus Stacheldraht. Noch nach 35 Jahren fand man 270 scharfe Katjuscha-Raketen, einst hastig verscharrt … Zeitzeugen erinnern sich an seltsame, mit gelben Ringen markierte Granaten, die beim Beräumen 1977 »wie rohe Eier« behandelt wurden. C-Waffen, wird vermutet. Experten fanden in den Resten der Shelter des »Sonderlagers«, knapp 200 Meter nur vom Ort der an sich schon verheerenden Detonation von 1977 entfernt, Temperaturfühler und Halterungen für Heliumflaschen – das sind ganz eindeutige Anzeichen für ein Atomwaffenlager.

Adresse 16775 Gransee OT Dannenwalde | **Pkw** B 96 von Berlin bis Dannenwalde, hinter dem Dorf nach der Eisenbahnbrücke links | **Tipp** Im nahen Zernikow wohnte einst der Geheime Kämmerer Friedrichs des Großen, Michael Gabriel Fredersdorf. Sein Schlösschen nebst Park ist heute wieder liebevoll restauriert, und im Gutscafé lässt sich's gut leben.

27 Die Germanensiedlung

Von Bienen lernen

Das Germanendorf bei Klein Köris bestand vom 2. bis 5. Jahrhundert. Tacitus bewunderte die Germanen als tapfere Wilde mit strahlend eisblauen Augen und kupferblondem Haar. Damit war der römische Historiker einer der ersten, die das Bild von »den Germanen« konstruierten. Doch Nordgermanen, Ostgermanen und Westgermanen umfassten etliche Dutzend unterschiedlicher Stämme. Eine einheitliche Identität besaßen sie nie und haben sich auch niemals selbst als Germanen bezeichnet. Als die Hunnen in Ostmitteleuropa einfielen, gaben die dort lebenden Germanen ihre Siedlungen auf und verließen das Gebiet. Im Zuge der Völkerwanderung begannen slawische Stämme wie Heveller, Sprewanen und Lusitzi, das Gebiet bis zur Elbe zu besiedeln. Ab dem 12. Jahrhundert vertrieb der Askanier Albrecht der Bär die Slawen, und in Brandenburg begann die Christianisierung.

Doch zurück ins 2. Jahrhundert. Die Germanensiedlung in Klein Köris wird Stück für Stück wieder so aufgebaut, wie sie wirklich ausgesehen hat. Das Dorf bestand aus Häusern, in denen Mensch und Vieh unter einem Dach wohnten. Die Leute lebten von Ackerbau und Viehzucht, Jagd und Fischfang. Ein Feinschmied im Dorf fertigte Trachtenschmuck und Nähnadeln aus Bronze an, wie Funde bewiesen haben. Solche alten Handwerkstechniken kann der Besucher an Aktionstagen im Freilichtmuseum Klein Köris selbst erlernen.

Die Stars der Germanensiedlung sind die Bienen. Sie waren den Germanen so heilig, dass in ihrer Gegenwart nicht gestritten werden durfte. Gottvater Odin verdankte dem Honig seine Unsterblichkeit, und dank seiner konservierenden Eigenschaften wurden mit Honig Lebensmittel haltbar gemacht. Im Freilichtmuseum ist es gelungen, Bienenvölker nach germanischer Tradition in »Klotzstülpern« anzusiedeln. Es handelt sich um Bienenbehausungen aus ausgehöhlten Baumstämmen, in denen Maja und ihre Freunde wie vor über 1.000 Jahren leben.

Adresse gegenüber Buschweg 8, 15746 Groß Köris OT Klein Köris, www.germanische-siedlung-klein-koeris.de | Pkw A 13 Ausfahrt Groß Köris, durch Groß Köris nach Klein Köris | Tipp Die handbetriebene Zugbrücke zwischen dem Großen Moddersee und dem Schulzensee hat schon Theodor Fontane mit Begeisterung beschrieben.

28 Der Ostblock

Wohnen im WE6

Lindenberg ist ein kleines ideales Stück DDR, das sich auf wundersame Weise in der Prignitz erhalten hat. Die Dampf- und Dieselloks ziehen regelmäßig ihre Züge vom Schmalspurbahnhof in Richtung Wesendorf, und »die drei Ks« liegen noch immer nahe beieinander: Kneipe, Konsum, Kirche.

Auf die telefonische Frage: »Gibt es den Ostblock noch?«, herrscht kurz Schweigen. Dann lacht der Besitzer und Betreiber und sagt beruhigend: »Selbstverständlich! Alle Ostalgiker und solche, die es werden wollen, können aufatmen.« Da seit einem Vierteljahrhundert alles dafür getan wird, dass auch die letzten Spuren der DDR getilgt werden, hatte es der gebürtige Pritzwalker Bernd Dietrich leicht, die Scheunen der ehemaligen LPG Tierproduktion Lindenberg mit allem vollzustopfen, was die durchschnittliche Ostwohnung ausmachte. Der Ruf des »Sammlers« führte dazu, dass die komplette Einrichtung einer 70/80er-Jahre-Wohnung sowie einer Etage mit Ferienzimmern im Stil der 50er/60er Jahre für seinen Fundus ein Klacks waren.

Dietrichs Perfektionismus geht bis ins Detail. Kinderzimmer mit Flugzeugmodellsammlung und Spielzeugeisenbahn, Vitrinen mit Schmuckteller »25 Jahre DDR«, Regale und Schränkchen mit Nippes und reicher Auswahl an Zeitschriften. Die Nieder-Spannung auf den Lichttastern, die Steckdosenbögen an den Bodenleisten, die Auslegware, die Gardinen … alles original: vom Plastik-Badespiegel bis zur Schrankwand, vom Vorhang bis zum Kugelkronleuchter. Auch wer gern einmal einen echten Kachelofen beheizen möchte, kann das im Hotel »Ostblock« tun. Aber das sind wenige, meint Bernd Dietrich. Deshalb wird zentral beheizt. Und auch die originalen Duschvorhänge wurden durch moderne Plaste-Kabinen ersetzt. Living-History ist es dennoch, wenn man sich im »Ostblock« einmietet. Das Kürzel »WE6« bedeutet übrigens schlicht: sechs Wohneinheiten.

Adresse Lindenberg 70, 16928 Groß Pankow OT Lindenberg, Tel. 0173/4933541 | Pkw B 5 von Berlin bis Kunow, über Krams nach Lindenberg | Tipp Ein absolutes Muss für Bahnfans und solche, die es werden wollen, ist das Lindenberger Kleinbahnmuseum Pollo, www.pollo.de. Ach ja: Und wer in Lindenberg heiraten möchte, kann im »Ostblock« ein standesgemäßes Fahrzeug mit Fahrer mieten – ein Ostfahrzeug, versteht sich!

29 Die Kultsteine

War der König Astronaut?

Vor fast 3.000 Jahren herrschte an der Stepenitz der Semnonenkönig Hinz. Er liege, erzählte man sich lange Zeit, in einem dreifachen Sarg aus Gold, Silber und Bronze und habe noch immer seine Kleinodien und sein Schwert bei sich, auch seinen Ring und seine Schatztruhe. Die Väter der Gründerzeit glaubten mehr an den schnöden Mammon als an Ammenmärchen. Nachdem ein Bauer vergeblich versucht hatte, dem Hügel bei Seddin etwaige Schätze zu entreißen, verkaufte er ihn an einen Bauunternehmer. 30.000 Kubikmeter Erde und Kies waren zu bewältigen – eine Aufgabe, an der die Arbeiter schon zwei Jahre knabberten, bis sie plötzlich, am 20. September 1899, im spätbronzezeitlichen Grab von König Hinz standen!

Die Wände der steinernen Kammer (im »falschen« Gewölbestil) waren mit einem sorgsam geglätteten Wandverputz aus Lehm versehen, der eine rote mäanderartige Bemalung aufwies. In der Mitte der Kammer stand eine Tonurne und in dieser wiederum eine wertvolle mit Buckeln verzierte Bronzeamphore, die Hinzens Leichenbrand enthielt. Zudem fand man eine Bronzetasse, ein Rasiermesser und die Zehenknochen eines Marders.

Wer sich nicht scheut, einen unheimlichen Ort aufzusuchen, der mag prüfen, ob die eiserne Gittertür zur Grabkammer wirklich verschlossen ist … Wer dagegen aus den verwunschenen Tiefen des kühlen Trichters wieder nach oben gestiegen ist und den noch immer beachtlichen Rest-Hügel umrundet, der wird aus dem Staunen nicht mehr herauskommen.

Erst ist es nur ein einzelner kleiner Turm aus Feldsteinen, der sich am Waldessaum zeigt. Doch dem zweiten folgen bald ungezählte. Dem Gesetz der Schwerkraft scheinen die Gebilde Hohn zu sprechen. Während auf dem nahen, ebenfalls bronzezeitlichen Teufelsberg die Kultsteine im Kreis stehen, so balancieren sie hier aufeinander. Erich van Däniken hätte mit Sicherheit seine Erklärung dafür.

Adresse 16928 Groß Pankow OT Seddin | **Pkw** A 24 Ausfahrt Pritzwalk, B 189 bis Groß Pankow, über Wolfshagen nach Seddin, gut ausgeschildert | **Tipp** Einige Grabfunde aus dem Königsgrab sieht man im nahen Schloss Wolfshagen, wo auch die weltweit größte Sammlung von unterglasurblauem Porzellan auf Interessierte wartet. Das Schloss gehörte einst den Edlen Herren Gans zu Putlitz.

30 Der Kutschenberg

»Der höchste ist der Kutschenberg!«

»Da sind Sie ja Stunden unterwegs«, stöhnt die ältere Dame auf dem Friedhof in Großkmehlen, als müsste sie selbst hinauf. Die Sonne sinkt bereits bedrohlich, und die Berghänge ragen für Brandenburger Verhältnisse geradezu apokalyptisch in den Himmel. Die Alteingesessene blickt kurz den Hang hinauf zum Waldrand. Plötzlich weiß sie Abhilfe: »Ach, fahren Sie einfach Richtung Blochwitz. Kurz vor der sächsischen Grenze geht's rechts ab. Vor der Schranke parken.«

Gesagt, getan – gärtnernde Wochenendsiedler geben bereitwillig Auskunft –, und hinter einem leicht zu umgehenden Sperrzaun steht sogar ein richtiger Wegweiser: Kutschenberg! Wenn man dann oben steht und die letzten Sonnenstrahlen den Buchenblättervorhang von hinten beleuchten, ist man glücklich und getröstet und verschmerzt selbst den Umstand, dass es an diesem Gipfel so wenig Aussicht gibt. Aber er ist beliebt bei Alt und Jung und hat sogar ein eigenes Bergrennen am Hang nach Kleinkmehlen, wie andere Bergsteiger zu berichten wissen. Seit über 30 Jahren »springen« da bei rauen Motocross-Rennen die »Sandflöhe über die rasante Wald-und-Feld-Piste«.

Was hatten die Ortrander gezittert, als auf der Neuausgabe der topografischen Karte 1:25.000 (4648 Ortrand) die amtliche Höhe des Kutschenberges nur noch bei 199,7 Metern lag! Damit stieg der Hagelberg bei Belzig in den Gipfelrang auf. Ein unerträglicher Vorgang für die Ortrander, die natürlich sofort verlangten, dass allergründlichst nachgemessen werde. Hier kurz das amtlich bestätigte allerendgültigste Endergebnis: Hagelberg 200,20 Meter über Normalnull – Kutschenberg … 201,00 Meter! Hurra! Somit darf nach alter Tradition ein jedes Brandenburger Landeskind einmal an der Gipfelsäule zum Foto kauern und sich im Genuss sonnen, auf Brandenburgs allerhöchstem Mittelgebirgsgipfel zu stehen. Schwein gehabt, Kutschenberg!

Adresse 01990 Großkmehlen OT Kleinkmehlen, mehr über die Bergstrecke am Kutschenberg erfährt man unter www.kutschenberg.de | Pkw A 13 Ausfahrt Ortrand, Richtung Großthiemig nach Kleinkmehlen | Tipp Die Heidehöhe an der Staatsgrenze, drei Dörfer weiter westlich bei Gröden, sollte man ebenfalls besuchen, so viel Fairness muss sein: Immerhin ist sie der höchste natürliche Punkt im Land.

31 Der Blutstein von Wutike

Im tiefen Wald hörte niemand das Schreien …

Wer es glücklich bis ins kleine, verwunschene Wutike geschafft hat, der glaubt sich seinem Ziel natürlich schon sehr nahe. Doch der Weg zu diesem sagenhaft »groden Steen«, den ein saaleeiszeitlicher Gletscher vor Urzeiten aus dem Norden hergeschleppt hat, ist tückisch. »Erst den Feldrain auf der rechten Seite behalten und später den Waldrand auf der Linken«, hat es am Dorfeingang geheißen … Nicht einfach, nach einer Stunde Wanderung, von diversen fernen Landmaschinen umtuckert, wenn die Wegweiser, die todsicher zum Blutstein führen sollen, in sooo großen Abständen stehen. Erst wenn man völlig sicher ist, daneben zu liegen, taucht der nächste grüne Pfeil mit der weißen Aufschrift auf: »Blutstein!«

Kaum kann man sein Glück fassen, wenn er im schütteren Mischwald plötzlich vor einem liegt. Der Wanderer wischt sich die Stirn und legt sich rücklings aufs weiche Moos des Blutsteins. Lustig und harmlos gluckert zehn Schritt weiter das glasklare Flüsschen Jäglitz zwischen Waldrand und Wiese vorbei. Da kommt man leicht ins Simulieren …

Das Märchen vom Riesenstreit mit geschleuderten Steinen und die fade Geschichte der unterm Stein blutenden Prinzessin überblättert man im Geiste leicht. Ein einsamer Ort ohne Düsternis ist wie ein Krimi ohne Leiche.

»Besonders große Findlinge standen früher im Mittelpunkt kultischer Riten«, meldet selbst das Beiheft der geologischen Karte. Haben also König Hinzens Semnonen an diesem Stein den Hahn geopfert! Mögen aber auch – zu Zeiten, als wackere Unmenschen noch ohne Halsgerichtsordnung mit dem Schwerte Recht sprachen - hier die Urteile des Femegerichts vollstreckt worden sein. Die Anleitung zur Befragung war einfach: »Es gibt aber Zeichen, die von Natur aus ihr Urteil in sich tragen …« Zittern und Schweißperlen nach der Wanderung zum Blutstein – eindeutige Zeichen der Schuld! Eben! So war das. Genau so.

Adresse 16866 Gumtow OT Wutike | **Pkw** B 103 von Kyritz bis Vehlow, rechts ab bis Wutike | **Tipp** Die frühgotische Feldsteinkirche in Nebelin stammt aus dem nebulösen 12. Jahrhundert.

32 Die Sternwanderung

Am dunkelsten Ort

Wir befinden uns jenseits der Jahrtausendwende. Ganz Europa ist nachts hell erleuchtet. Ganz Europa? Nein! Ein von unbeugsamen Sternfreunden bevölkertes Dorf am Havelufer hört nicht auf, dem Streulicht Widerstand zu leisten. Weniger Fortschritt ist mehr, beweist Strodehne, wo die Kirchenglocken von Hand geläutet werden und die 80-jährige Köchin im Gasthof den Löffel noch längst nicht abgibt.

Um dem Spaziergang unterm Sternenzelt romantische Nachhaltigkeit zu verleihen, genügt es nicht mehr zu seufzen: »Ist es nicht unglaublich, wie groß das Weltall ist? Dagegen sind wir Menschen nichts.« In puncto Sexappeal hat verstaubter Nihilismus gegen das Knowhow moderner Sternfreunde keine Chance. Wer sich am Nachthimmel auskennt, könnte der Auserwählten zum Beispiel sagen: »Da über uns ist Kepheus. Ein Sternbild, in dem gerade eine neue Nova entdeckt wurde. Weißt du, eine Nova ist der unfassbare Helligkeitsausbruch nach einer explosiven Zündung in einem Doppelsternsystem. Genau, was ich gefühlt habe, als ich dich zum ersten Mal sah.«

Während Marion Werners ein- bis zweistündiger Nachtführung lernen Sternwanderer, sich am Abendhimmel mit und ohne Fernglas zu orientieren. Dabei vermittelt die Gesundheitsberaterin eine lebendige Einführung in die Mythologie der Sterne und zeigt leicht verständlich den richtigen Gebrauch drehbarer Sternkarten. Nebenbei werden die Vogelstimmen bestimmt, die sich während der nächtlichen Wanderung gelegentlich vernehmen lassen.

Strodehne liegt in einem der dunkelsten Gebiete Deutschlands. Aktuell bewirbt sich das Westhavelland bei der International Dark Sky Association (IDA) um Anerkennung als geschützter Sternenpark. Dark Sky Parks setzen sich für den Erhalt dunkler Rückzugszonen für nachtaktive Tiere und die Reduzierung nächtlicher »Lichtverschmutzung« (engl. Light Pollution) ein.

Adresse Kleindorf 3, 14715 Havelaue OT Stodehne, Tel. 033875/90192, www.marion-werner.de | Pkw B 5 bis Friesack, über Rhinow nach Strodehne | Tipp Das kleine Schollene havelaufwärts ist ein zauberhafter Ausflugsort, wo man sich nach einer Wanderung über den Rauen Berg an der Flussbadestelle erfrischen kann.

33 Das Blaudruckhaus

Schwelgen im schönsten Blau der Welt

»Indigoblau ist die Königin der Farben«, lächelt Meisterfärberin Angelika Thielemann, die alljährlich in Frankreich und Italien ausstellt. Ihr blauer Rock ist aus gestreiften Stoffstückchen genäht. »Streifen sind ein männliches Muster«, sagt sie. »Frauenschürzen wurden mit weiblichen Blümchenmustern bedruckt. Innen war die Sonntagsseite mit kleiner Bordüre.«

Aus einem Glas mit indigoblauen Pigmenten steigt holziger Duft. Weniger teuer als indisches Indigo ist deutsches Färberwaid, das die Blaudruckerin selbst anbaut. Zum Färben müssen die getrockneten Blätter pulverisiert werden, der Aufwand ist unvorstellbar. Blaufärben ist die älteste Technik der Welt, um Stoffe zu bemustern. »Ägyptische Grabfunde wiesen Kindertuniken auf, aber mit furchtbar langweiligen, braven Mustern!«, kommentiert die Sammlerin erlesener Ornamente.

Die gelernte Kostümschneiderin druckt mit sogenannten Modeln und Druckstöcken, von denen manche älter als 300 Jahre sind. Gefertigt wurden sie seit dem Mittelalter von Formenstechern, die früher Wandergesellen waren und biblische Motive für klösterliche blaue Altartücher fertigten. Die blauen Stoffe wurden nur für die Kirche gefärbt. Erst nach dem 15. Jahrhundert, als sich ihre Rezepte nicht länger geheim halten ließen, wurde Blaudruck ein freies Handwerk. Deutschland erlebte vom 13. bis 15. Jahrhundert die Blütezeit des Zeugdrucks, der aus heutiger Sicht als Vorläufer des Buchdrucks betrachtet wird.

»Schönfärber« hießen die Blaufärber früher, weil sie erstmals Muster in Stoffe färbten. Was auf weiße Naturstoffe wie Leinen, Flachs oder Baumwollsamt mit »Druckpapp« aufgedruckt, gemalt oder geschrieben wird, bleibt im Färbebad weiß. »Ein Blau, in dem ein Weiß steht«, sagt Angelika Thielemann. Es klingt magisch. Je tiefer das Blau wird, desto größer das Können des Färbers. Bis hin zu jenem tiefen Indigo, das über dem Stoff zu schweben scheint …

Adresse Hintere Dorfstraße 1, 14715 Havelaue OT Wolsier, Tel. 033875/90733, 0172/9031222 | **Pkw** B 5 bis Friesack, über Rhinow und Prietzen nach Wolsier | **Öffnungszeiten** Mai/Juni–Sept. auf Anfrage; ab 20 Grad Außentemperatur wird gefärbt | **Tipp** Das lautstarke Grautier hautnah erleben kann man im Eselshof bei Heike Langerwisch, Hauptstraße 12, Wolsier, Tel. 033875/90006.

34 Der Blumenthal-Turm

Gemeinsam sind wir Turm

Wer in seinem Leben schon mehrmals einsam stehende Aussichtstürme erklettert hat, kennt das: endlich oben, doch statt der erwarteten schönen Aussicht ragt einem der halbe Wald am Ausguck entgegen. Das wird beim höchsten Holz-Aussichtsturm Brandenburgs (und einem der höchsten ganz Deutschlands) schwerlich je passieren. Keine Kiefer schafft 36,40 Meter … Bis zur Spitze misst der aus Balken errichtete Turmbau sogar »circa« 44,65 Meter!

Früher dienten solche Türme (weit niedriger meistens) der Vermessung, der optischen Telegrafie oder anderen technischen Zwecken. Der Blumenthaler Turm dagegen, ein reiner Aussichtsturm, hatte vor allem einen Zweck: dem damaligen Entwicklungsland Prignitz eine Perspektive zu geben. Im Mai 1999 entstand die Idee, und schon am 8. Juni wurde ein Verein gegründet. Erklärte Ziele: Förderung des Heimatgedankens, der Heimatpflege und der Heimatverbundenheit … Schaffung eines Aussichtsturmes aus Holz als Anlauf- und Treffpunkt für alle Freunde der Prignitzer Heimat, als Ausflugs- und Wanderziel für die Bürger unserer Region sowie zur Unterstützung des Schulunterrichtes im Rahmen von Projekt- und Exkursionstagen.

Der »Aussichtsturmbau Blumenthal e. V.« hatte in den folgenden fünf Jahren nur eines im Sinn – den Turm. Die Planung dauerte volle vier Jahre, der Bau dann nur noch eines. Ortsansässige Handwerksbetriebe wurden freilich maßgeblich beteiligt, und am Tag der offiziellen Einweihung am 18. September 2004 feierten die Blumenthaler mit 1.000 Gästen aus nah und fern ein Riesenvolksfest am Turm. Anders als der Turm von Babel hat der Turm von Blumenthal weder zur Sprachverwirrung noch zu Neid und Missgunst geführt. Auf der höchsten Plattform zu stehen, eine warme Sommerbrise zu spüren und eine einzelne kleine Wolke im Himmelsblau vor sich zu sehen, ist ein bleibendes Naturerlebnis, das man gern alle Jahre mal wiederholt.

Adresse 16909 Heiligengrabe OT Blumenthal | Pkw A 24 Ausfahrt Pritzwalk, B 189 bis Heiligengrabe, links ab über Blandikow nach Blumenthal | Tipp Das Kloster Stift zum Heiligengrabe besitzt einen wunderbaren Heilkräutergarten.

35 Die Tigerranch

Tierheim für Großkatzen

Freundlich und ein wenig scheu, begleitet von einer sanften und friedlichen Hündin namens Kaya, kommt der Mann mit den Tigern seinen Besuchern am Tor entgegen. Er sieht einem Einsiedler recht ähnlich, mit seinem langen Haar und dem Vollbart. Dabei ist Jan Klagge Softwareentwickler und pendelt beruflich Tag für Tag zwischen Herzberg und Berlin hin und her. Sein Vater war Seefahrer, erzählt der gebürtige Hamburger. Mag sein, dass ihm da ein Hang zum Außergewöhnlichen in die Wiege gelegt worden ist.

Die schöne Heidi aalt sich in ihrem Auslaufgehege in der warmen Sonne. Lässig baumelt eine imposante Tatze vom Podest, während sie ihren Besuch zufrieden anblickt. Die 200 Kilo schwere Sibirische Tigerdame genießt ihren Auftritt und liebt es, sich von ihrem Publikum bewundern zu lassen. Hinter Heidis Gehege wohnt Mayk, auch ein Sibirischer Tiger, aber schüchtern und jemand, der lieber seine Ruhe hat. Mayk kommt aus einem Tierpark in Österreich, Heidi gehörte dem Schweizer Dompteur Leuzinger, der lange beim DDR-Staatszirkus war. Dritte im Bunde ist Bengaltigerin Shiva, ältestes Mitglied der Tiger-WG und die einzige mit Zirkuserfahrung. Shiva sieht nicht mehr gut und wird von ihrem Herbergsvater wie ein Kind liebevoll Haps für Haps mit extra klein geschnittenem Rindfleisch gefüttert. Sie fressen so einiges, die drei Lieblinge. Vier Kilo Rind am Tag, das macht übers Jahr gut und gern zehn Tonnen Fleisch.

An Urlaub ist für den Mann mit den Tigern nicht zu denken. »Mal ein langes Wochenende, um Freunde zu besuchen, mehr geht nicht. Man lebt halt für die drei«, sagt er und strahlt zufrieden. Seine Tiger sind sein Leben.

Ein Hausmeister sieht nach Heidi, Shiva und Mayk, wenn ihr Herrchen nicht da ist. Ausgerissen sind die Tiger noch nie. Wozu auch? Ihr Zuhause ist bei Jan Klagge in Herzberg, und glücklicher als bei ihm wären sie nirgendwo.

Adresse 04916 Herzberg (Elster) | Pkw B 101 bis Herzberg | Öffnungszeiten Die Tigerranch wird privat finanziert und betrieben und ist kein Tierpark. Voranmeldung über www.tigerranch.de. | Tipp Amerikanisches Flair und Nostalgie der Fifties mit Sandwich und Hamburger findet man in »Collard's Diner«, www.collards.de.

36 Das Haus Hubertusstock

Eine kurze Nacht im DDR-Wellness-Areal

Aus den Zeiten des alten Jagdschlosses von König Friedrich Wilhelm IV. stammen nur die Grundmauern und der röhrende Bronzehirsch. Bis 1952 war »Schloss« Hubertusstock der Landsitz der Ministerpräsidenten des alten Landes Brandenburg, dann wurde es zum Erholungsheim für leidende Funktionäre und Offiziere des Ministeriums des Inneren. Was man heute besichtigen und als zahlender Gast bewohnen kann, ist ein völliger Neubau von 1973, der bis 1990 als Gästehaus der DDR-Regierung fungierte. Zweigeschossige Gästebungalows im kleinen Waldpark ringsum sowie ein Mehrzweckgebäude mit Schwimmbad, Sauna, Sporträumen und Schießstand vervollständigten den Schorfheide-Komfort der Machthaber.

Erich Honecker aß ja bekanntlich kein Wild. Er mochte gar nichts, was aus dem Wald kam, nicht einmal Pilze! Aber am Schießen mit einem einfachen Jagdgewehr hatte er seit den 1970ern seinen Spaß. Bis er in den 80er Jahren sein geliebtes winziges, spießiges Jagdhaus »Wildfang« in der Nähe des Pinnowsees bezog, war er einige Jahre Wintergast auf »Hubertusstock«. Auch Staatsgast Helmut Schmidt wohnte 1981 dort. Mit dem Volvo ging es vom Flughafen Schönefeld auf abenteuerlichen Holperpisten hinaus in die Einöde, und Schmidt führte sein erklärtermaßen längstes Unter-vier-Ohren-Gespräch mit einem anderen Staatschef, bis er im streng bewachten, tief verschneiten Winterquartier anlangte.

Die Couch, auf der Gast und Gastgeber frostig, aufrecht und mit Sicherheitsabstand sitzend ihre Gespräche offiziell begannen, steht noch. Auch einer der vier Waldpavillons ist im DDR-Zustand konserviert.

Wer heute in der Honeckersuite durchmachen will, kann am nächsten Morgen immerhin noch genau das sagen, was Schmidt seinem gut gelaunten und ausgeschlafen aus »Wildfang« herübergekommenen Gastgeber vor laufender Kamera am Morgen des zweiten Tages zuraunte: »Es war eine kurze Nacht …«

Adresse Hubertusstock 1, 16247 Joachimsthal OT Hubertusstock, Tel. 033363/500, www.hubertusstock.info | **Pkw** A 11 Ausfahrt Finowfurt, B 167 Richtung Neuruppin, rechts Richtung Joachimsthal, über Eichhorst nach Hubertusstock | **Tipp** Nach der Prominentenjagd hat man sich einen Jagdteller im Wirtshaus »Zum Wisent« in Eichhorst verdient. Es lockt überdies mit einem rekonstruierten historischen Wisent-Relief vor dem Haus.

37 Die Keule am Tor

Ganz schön hart

An jedem Tor der 1.000-jährigen Stadt Jüterbog baumelt an klirrender Kette eine Keule, ein richtiger Klopper. Daneben hängt ein Schild mit der Aufschrift: »Wer seinen Kindern giebt das Brodt und leidet nachmals selber Noth, den schlage man mit der Keule todt.« Also kein Brot geben, den Kleinen? Wie passt das mit Elternliebe zusammen? Die Lösung ist einfach. Mit dem Spruch hat die Keule ursprünglich nichts zu tun. Erst hing die Keule, die Tafel kam später. Heute hängen sie nebeneinander.

Die Jüterboger Keulen symbolisieren die Halsgerichtsbarkeit, nach der während des Mittelalters im Heiligen Römischen Reich für bestimmte Delikte (Kindesmord, Raub, Notzucht, Hexerei und Zauberei) blutige Strafen verhängt wurden. Dafür setzte der Landesbischof einen Schlossvogt ein, der kraft seines Amtes befugt war, Recht über Leben und Tod zu sprechen. Gegen Ende des 14. Jahrhunderts erging dieses Recht an Jüterbog. Damit jeder Fremde, der in die Stadt kam, gleich Bescheid wusste, hängte man zum Zeichen der Halsgerichtsbarkeit (lat. ius gladii) an jedes Stadttor eine Keule.

Mit dem Ende der Halsgerichtsbarkeit geriet die ursprüngliche Bedeutung der Keulen in Vergessenheit. Dafür begannen sich Legenden um die Aussage der drei schwarzpädagogischen Hilfsmittel zu ranken. Am besten hielt sich die Überlieferung der Geschichte von einem reichen Tuchmacher, der im Jahr 1394 schon zu Lebzeiten sein gesamtes Vermögen an seine Söhne übergab. Doch die Kinder erwiesen sich als hartherzige Raffzähne, die gar nicht daran dachten, sich um ihren alten Papa zu kümmern. Kurz und gut, Vater ersann eine Schliche und ließ sich eine große Schatzkiste zimmern. Den Söhnen sagte er, derjenige solle die Kiste erben, der am nettesten zu ihm wäre.

So verbrachte er einen schönen Lebensabend, und als er tot war, fanden die Söhne in der Truhe Steine und den Spruch, der heute neben den Keulen prangt.

Adresse 14913 Jüterbog | **Pkw** B 101 bis Jüterbog | **Tipp** Man steige auf die tollen Türme von St. Nikolai, der größten und reichsten Kirche im Fläming, sie sind hoch oben mit einer Brücke verbunden! Öffnungszeiten: Vom Karfreitag bis zum Reformationstag, Mo–So 13–17 Uhr.

38 Die Kirchenruine

Manchmal kommen sie wieder

Den alten Stavenow will hier einer gesehen haben … Wie, was – einen echten adeligen Geist? Dort, in dem von Touristen eroberten alten Gemäuer, das sich als liebevolle Ferien- und Heimatburg tarnt. Doch als wir mehr wissen wollen, ist der Gewährsmann schon weg, ein Fahrradfahrer eben, der sich einen Spaß mit uns Leichtgläubigen macht. Wir sind wieder allein, nur der Turm der Kirchenruine ragt neben uns in den Abendhimmel.

Die Prignitz war gerade im Auftrag des Bären Albrecht von den Wenden oder Elbslawen zurückerobert worden, als hier an der Löcknitz eine erste Burg entstand und nach dem vorigen Slawenwall »Stavenow« (der Dastehende) getauft wurde. Die Wenden sollten an der kriegerischen Wiederauferstehung gehindert werden. Doch die Geschlagenen lehrten die Deutschen seither an den Kreuzwegen das Fürchten, wo sie bis heute den Nachfahren ihrer Mörder erscheinen!

Sicher, die Ruine neben uns steht an einem waschechten Kreuzweg … Aber heute, im 21. Jahrhundert, braucht man doch in der stillen Prignitz keine Angst mehr vor Wenden-Gespenstern zu haben … und auch nicht vor blutrünstigen Raubrittern! Nun denn: Dem Ritter von Stavenow wurde es in der Idylle schnell langweilig. Auch plagten ihn die Schulden. Da lag der Gedanke ans Plündern der Wehrlosen nicht fern, vor allem, wenn es alle Adligen so machten.

Vom Niederbrennen ganzer Dörfer wird erzählt, vom Viehdiebstahl im großen Stil, von Überfall und Mord an Handlungsreisenden. Ob nicht vielleicht auch die Seelen dieser Mordopfer noch heute über die Prignitz irren?

Auf dem herrlichen Glasfenster, das jüngst restauriert wieder in die Kirchenruine Einzug halten konnte, spiegelt sich im fahlen Dämmerlicht des Juliabends … Da! Die dunkle Gestalt am Solitär! Am schroffen Zahn des Turms – ist's gar der alte Stavenow, der Raubritter? Wir wenden uns entschlossen dem Ausgang zu.

Adresse 19357 Karstädt OT Stavenow | **Pkw** A 24 Ausfahrt Putlitz, über Putlitz und Karstädt bis Stavenow | **Tipp** Noch mehr gruseln kann man sich im nahen Rambower Moor, wo in der Dunkelheit die unheimliche Rohrdommel, genannt »Moorochse«, ihre seltsamen Balzrufe hinausbrüllt.

39 Die Löwenkopfbrücke

Wo der Fliegende Hamburger durchflog

Als das Runddorf Streesow 1515 in den Urkunden auftauchte, ahnte keiner, was die ferne Zukunft bringen würde – auch nicht ein gewisser Löw im Dorf, dem Löws Grund gehörte.

Friedrich Neuhaus jedenfalls hieß der Mann, der die neoklassizistische Bogenbrücke im Löwengrund entworfen hat und die vier hübschen Löwenkopfreliefs in die Backsteinverkleidung der Widerlager einsetzen ließ. Dem alten Rittergut Streesow mit Schloss und Park hat der heute so völlig öde Ort diese ungewöhnlich »reiche« Brücke zu verdanken. Als die teuflische Eisenbahn mit ihren feuerspeienden Ungetümen die unmittelbare Nachbarschaft unsicher zu machen begann, erhielten die Streesower 1846 von Baurat Neuhaus kurzerhand diese nette bauliche Entschädigung für Lärm und Ruß.

Anfangs dauerte es noch neun Stunden von Hamburg bis Berlin. Doch die eisernen Rösser wurden immer schneller. Die endlose Gerade vor der Löwenkopfbrücke wurde schließlich zum Ausgangspunkt der ersten Hochgeschwindigkeitsstrecke! Die Löwenkopfbrücke hat sie alle gesehen: Franz Kruckenbergs Schienenzeppelin setzte unter ihr zu seinem 24 Jahre ungebrochenen Geschwindigkeitsweltrekord zwischen Karstädt und Wittenberge an: 230,2 Stundenkilometer! Für die gesamte Strecke Hamburg–Berlin brauchte er sagenhafte 98 Minuten. Der Fliegende Hamburger in den 1930ern fuhr immerhin 160 Stundenkilometer im Mittel und war lange der schnellste Linienzug der Welt.

Wenn heute ICEs mit maximal 200 Stundenkilometern unter ihr durchrauschen, zuckt die Löwenkopfbrücke nur die Schultern. Alle Höhen und Tiefen der Hamburg-Berliner Eisenbahn hat sie miterlebt und ist heute die älteste Brücke über die Eisenbahn in Brandenburg. Dem Denkmalschutz der DDR sei's gedankt: Am 10. November 1982 wurde sie für unantastbar erklärt. Nun ja: 1993/94 hat man sie dennoch Stein für Stein abgetragen, allerdings nur im Kern saniert und originalgetreu wieder zusammengesetzt.

Adresse 19357 Karstädt OT Streesow | **Pkw** B 5 von Berlin, hinter Karstädt rechts ab über Bootz bis zur Löwenkopfbrücke vor Streesow | **Tipp** Das Großsteingrab von Mellen, direkt an der Straße zwischen Lenzen und Karstädt, lädt mit postneolithischen Bänken zum Vespern ein.

40 Die Dorfstelle Knoblauch

In Knoblauch roch es gar nicht gut

Wenn man sich nähert, fallen als Erstes die gekappten Stromleitungen auf. In der welligen Jungmoränenlandschaft rauschen Holunder, Flieder und Obstbäume. Ein paar Feldscheunen stehen allein herum. Ein slawischer Ringwall kann erklettert werden, ebenso findet man beim Durchstreifen des Unterholzes einen alten Stromverteilerturm und einen bis zur Unkenntlichkeit verkrauteten Friedhof, frische Blumen aber nicht.

Das Dörfchen Knoblauch, schmuck und adrett auf alten Fotos, gehörte lange den Herren von Knoblauch zu Hatzbach aus Hessen. Nach 1945 schön auferstanden aus Ruinen, bodenreformiert, adelte Walter Ulbricht es in den 50er Jahren mit seinem Besuch. Die Knoblaucher begriffen es als Ansporn und machten aus ihrem Dorf eine Vorzeige-LPG. 1961 wurde zu allem Glück auch noch Erdgas erbohrt! Vier Fördertürme pumpten bald schon den wertvollen Bodenschatz in einen ringförmigen unterirdischen Gasspeicher. Direkt unter Knoblauch! 1965, als die Blase gefüllt war, fiel die Begeisterung der Knoblaucher jäh zusammen: Kohlenmonoxid trat aus und wurde zur unberechenbaren Bedrohung. 1966 explodierte ein Verschluss am Speicher, und es dauerte vier Tage, bis man ihn abdichten konnte. An einem nebligen Sonntag im Oktober riss dann ein Ventil ab. Direkt hinterm Gasthaus fauchte eine Fontäne von Wasser, Gas und Sand in die Luft. Überall wurde erhöhter CO-Gehalt gemessen. »Oben« entschied und handelte man jetzt schnell, da eine Blamage im Kalten Krieg untragbar gewesen wäre. Binnen Monatsfrist wurden die Einwohner in Plattenbauten im Umland umgesiedelt und das Dorf dem Erdboden gleichgemacht.

Angeblich erhielten sie Unsummen für ihre Häuser. Man mag sie fragen und fragen: Wie viel habt ihr denn nun eigentlich gekriegt? Sind es die einstigen Drohungen, ist es das Schweigegeld oder die Trauer? Im Gegensatz zum Erdgasspeicher halten die Knoblaucher noch immer dicht.

Adresse 14669 Ketzin/Havel | Pkw A 10 (Berliner Ring) Ausfahrt Potsdam-Nord, über Paaren, Falkenrehde; vor der Verbundnetz Gas AG rechts ab, circa 125 Meter nach der Straßenverbreiterung im Wäldchen liegt links der einstige Friedhof | Tipp Im nahen Paretz lockt nicht nur Königin Luises Lieblingsschloss, sondern sonntags auch die Rosenvilla mit tollen Rosen, Kaffee und Kuchen, www.rosenvilla-paretz.de.

41 Das Scheunenviertel

»Hinaus fürs Thor!«

Hinaus vors Stadttor mussten die Scheunen auf kurfürstlichen Erlass. Denn solange Stroh und Futterheu innerhalb der Stadt in den Wohnhäusern gelagert wurden, fiel das mittelalterliche Kremmen regelmäßig Brandkatastrophen zum Opfer, die alles in Schutt und Asche legten. Aus den Scheunen wurden Ställe, in denen ab sofort das Viehzeug wohnte. Für ihr Heu und Stroh bauten die Kremmener am Stadtrand Lagerhallen. Das historische Scheunenviertel von Kremmen war geboren. Mit 50 Gebäuden ist es deutschlandweit das größte und steht seit 1993 unter Denkmalschutz.

Ende der 1990er Jahre erwachten die Scheunen zu neuem Leben. Das Viertel entwickelte sich zu einer Attraktion. Die alten Scheunen blieben erhalten, wurden aber neu eingedeckt und auf den neuesten technischen Stand gebracht. Innen entstanden wunderschöne Läden, in denen echte Schätze verkauft werden. Die Geschenkescheune lädt zum Stöbern ein, in der süßen Scheune gibt es handgefertigte Pralinen, Scheune 29 bietet Keramik feil, in Nachbargebäuden haben Goldschmiede, Münzpräger und Maler ihre Geschäfte. Liebhaber handgefertigter Unikate packt der nackte Kaufrausch. Natürlich gibt es ein gutes Restaurant zum Stärken.

Wer als Stadtmensch zum ersten Mal eine kunstvoll gebundene, geschmückte Erntekrone sieht, dem wird feierlich zumute. Das Erntefest am ersten Septemberwochenende zieht Besucher aus ganz Brandenburg nach Kremmen. Über 150 Jahre alt ist die Tradition der Schnitter, aus Kornähren die große Krone zu binden, die mit knallbunten Bändern geschmückt wird.

Die Museumsscheune dokumentiert die Geschichte der Stadt. Zu deren dunkelsten Kapiteln gehören die Kindsmorde im 17. Jahrhundert und die öffentliche Hinrichtung der Mörderinnen. Manchmal knistern Haferspelzen unter den Schuhen der Besucher. Am Dachbalken der Museumsscheune hängt die Erntekrone vom Vorjahr, da rieselt hin und wieder was herunter.

Adresse Scheunenweg 49, 16766 Kremmen, www.scheunenviertel-kremmen.com | **Pkw** A 24 Ausfahrt Kremmen | **Öffnungszeiten** März–Okt. Mo–Fr 10–16 Uhr, Sa, So 10–18 Uhr; Nov.–Dez. Mo–So 10–16 Uhr; Jan.–Feb. Mo–Fr 10–16 Uhr | **Tipp** In der Spargelzeit, von Mitte April bis Ende Juni, lädt der Spargelhof Kremmen im Groß-Ziethener Weg in ein rustikales und idyllisch gelegenes Spargelzelt ein; Tel. 033055/2080.

42 Das Fort Gorgast

Schon wegen der Akustik

Von außen sieht das Fort wie die Bastion eines Festungswalls aus, aber mehr als flacher Ackerboden steckt nicht dahinter. Ein Graben führte um das Fort. Für die 310 Mann, die hier stationiert werden sollten, wurden Ofenheizungen eingebaut, die aber leider nicht mehr in Betrieb sind. Besucher sollten sich warm anziehen. In den eindrucksvollen Gewölben ist es so kalt, dass die selbst hergestellten Produkte aus der Region, die in einem kleinen Laden bei der Kasse verkauft werden, ohne Kühlschrank mühelos das ganze Jahr frisch bleiben.

Heute besiedeln Fledermäuse die historischen und denkmalgeschützten Gemäuer, die nach Preußens Sieg über Frankreich und der anschließenden Gründung des Deutschen Reiches von 1883 bis 1889 errichtet worden sind. Von den vier ehemaligen Außenforts der Festung Küstrin steht nur Fort Gorgast in Deutschland, während Fort Sarbinowo, Fort Czarnów und Fort Żabice im heutigen Polen errichtet wurden.

Das Fort Gorgast war für die Überwachung und den Schutz des westlichen Oderufers zuständig. In der ehemaligen Pulverkammer kann man sich einen Eindruck davon verschaffen, welchen Gefahren Soldaten beim Hantieren mit Schwarzpulver ausgesetzt waren. Die Munitionsleistung und die Reichweite der Geschütze entwickelten sich im 19. Jahrhundert so schnell, dass Fort Gorgast nach sechsjähriger Bauzeit als militärischer Stützpunkt schon wieder veraltet war. Dafür konnte der festungsähnliche Bau als Waffendepot und Munitionslager genutzt werden.

Künstler haben die Kasematten längst als Ausstellungsfläche für Bilder und Skulpturen entdeckt. Der eindrucksvolle Einbaum von Bernd Finkenwirth blieb als Dauerexponat stehen. Aber nicht bloß die Augen, sondern auch die Ohren entdecken Neues und Überraschendes im alten Fort. Weil die Akustik in den Gewölben absolut umwerfend ist, fanden schon Konzerte darin statt.

Adresse Fort Gorgast Haus 3, 15328 Küstriner Vorland OT Gorgast, Tel. 033472/51632, www.fort-gorgast.de | Pkw B 1 bis Manschnow, links ab bis zum Fort | Öffnungszeiten Mai–Okt. Mo–So 10–16 Uhr, sonst auf Anfrage | Tipp Im 15 Kilometer entfernten Genschmar hat Maler und Bildhauer Bernd Finkenwirth sein Atelier, www.bernd-finkenwirth.de.

43 Der Jahn-Turnplatz

Spielplatz für Freiheitskämpfer

Hier also kam er her, der sagenhafte Turnvater. Turnverein, Turnhalle, Turnfest. Die ganze Jugend war ein Wettkampf um Urkunden und Abzeichen. Jetzt also die Ernüchterung: Dieser alte Rauschebart, den alle Kinder im Westen für eine gut trainierte Zweitpersönlichkeit Gottvaters hielten, war ein Mensch wie du und ich. Hier ist er zur Schule gegangen – ganz ohne Turnunterricht, versteht sich.

In Berlin, im Plamann'schen Institut, hat er als Hilfslehrer sein Brot verdient. Da kam er mit dem Turngedanken in Berührung. Als Preußen französisch besetzt war, gründete er einen antinapoleonischen Geheimbund und die allererste Wehrsportgruppe Deutschlands: Unterm Deckmäntelchen der Leibesertüchtigung lockte er seine ersten Schüler zu paramilitärischen Übungen in die Berliner Hasenheide und jagte sie mit Kommandostimme über selbst entworfene Holzgeräte auf einem sogenannten Turnplatz. So einer war das also! Hätten wir das früher gewusst, wir wären nicht nur Wehrsondern auch Sportdienstverweigerer geworden!

Hier stehen ein paar Nachbauten Jahn'scher Holzgeräte. Ganz brav und bieder, zu einem kleinen Spiel-Turnplatz arrangiert, geben sie sich. »Frisch, fromm, fröhlich, frei«, die alte, nie verstandene Losung, prangt hier in Kinderschrift neben einem Regenbogen. Kurz weht der Geruch von Schulgeräteräumen durch die Erinnerung. Doch der Schwebebalken lockt zu sehr – warum nicht auch rauf aufs kleine Pferd, das einen so drolligen Holzkopf hat?

Aber was, wenn er jetzt dort aus dem Schulhaus käme, der alte Franzosenfresser, wo der freundliche Bürgermeister eine Riesenausstellung über ihn zusammengetragen hat? Was, wenn er riefe: »He Markmann, he Grenzer! Gegen den Franzmann soll's gehen! Frisch, fromm …«

Wir fielen ihm ins Wort sagten: »Nee, mein Lieber! Lass' endlich einmal gut sein.« Und hätten dann aber unsere liebe Not, ihm ein Europa ohne Grenzen zu erklären.

Adresse Am Ring 21, 19309 Lanz | **Pkw** A 24 Ausfahrt Pritzwalk, B 189 bis Wittenberge, B 195 bis Lanz | **Öffnungszeiten** Friedrich-Ludwig-Jahn-Gedenkstätte in der Alten Dorfschule Mo–Fr 9.30–16 Uhr, Sa, So nach Voranmeldung, Tel. 038780/7210 | **Tipp** Im Schlosspark Gadow stehen seltene und alte Bäume, unter anderen die angeblich älteste Eiche Brandenburgs!

44 Der schönste Picknickplatz

Blaue Lagune hinterm Deich

»Schön, dass ihr da seid«, scheinen die Deichschafe mit sanften Augen zu sagen, wenn sie zur Begrüßung langmütig in die Luft schnobern und mollig unter zottig gelockten Wollmatten weiterdösen. Beim ersten tiefen Atemzug ist einem, als würde man auf der Stelle abheben und in den weiten Himmel fliegen. Klar und sauber ist die Luft am Deich, zum Verschlingen frisch und stärkend. Weit und breit keine Autos, stattdessen die lang entbehrte und wohlverdiente Ruhe nach dem Sturm.

Aus dem märkisch-brandenburgischen »tor lutken Wisch«, hochdeutsch »zur kleinen Wiese«, entstand der Name des über 500 Jahre alten Elbdorfs am westlichen Ende der Prignitz. Mehrere Generationen entschlossener Bauern haben zusammen den Elbdeich gebaut und damit Lütkenwischs Boden urbar gemacht. Wo einst die Miniaturwiese erste Siedler anlockte, erstreckt sich heute kilometerweit saftiges grünes Marschland.

Auf idyllischen alten Höfen haben sich Lebenskünstler niedergelassen, deren üppige Bauerngärten genügend Ertrag zur Selbstversorgung und für den Verkauf im kleinen Hofladen bringen. Obwohl schon manches Mal das Hochwasser der Elbe die Ernte zerstörte und man von Jahr zu Jahr nie weiß, was kommt, wollen sie nirgendwo sonst leben. So ist nun einmal der Lauf der Natur. Dafür ist es nachts so ruhig und der Sternenhimmel so klar wie am friedlichsten Platz der Welt.

Glitzerndes Wasser hinter dem Deich, nur wenige Schritte entfernt. Weicher, warmer Sand schmiegt sich an die Füße. Ob man lieber gleich essen oder vorher im Fluss planschen oder erst im Sonnenschein schwelgen soll, ist eine Wahl, die einem keiner abnimmt. Manche erledigen auch alles zugleich: Als einzige Anlieger am Picknickplatz tummeln sich Schwan, Biber, Seeadler und Fischotter in Lütkenwischs vegetationsreichen Fischgründen. Einfach den Picknickkoffer aufklappen, um satt zu werden – schön wär's ja!

Adresse Elbstraße, 19309 Lanz OT Lütkenwisch | **Pkw** A 24 Ausfahrt Pritzwalk, B 189 bis Wittenberge, B 195 bis Lanz, von da bis Lütkenwisch | **Tipp** Am Elberadweg steht der Gedenkstein für die Grenzopfer der Elbe. Das schlichte und anrührende Denkmal haben Pfarrer und Gemeinde mit eigenen Mitteln aufgestellt.

45 Die Biotürme

Frösche haben freien Eintritt

Kläranlagen, die unter Denkmalschutz stehen, gibt es nicht viele. Da kann man froh sein, dass die Kunstgießerei Lauchhammer so viel Weitblick besaß, Deutschlands erstes biologisches Tropfenklärwerk käuflich zu erwerben und zu einem kleinen Industriemuseum auszubauen. Es war Bestandteil der 1952 fertig gestellten Braunkohlengroßkokerei Lauchhammer – die bis 1991 auch für die Hochöfen der Kunstgießerei den Koks produzierte. Die Biotürme selbst sind freilich das anschaulichste Ausstellungsobjekt. 24 beeindruckende, 22 Meter hoch aufragende und 3,50 Meter im Durchmesser messende Backsteintürme, die schon mal entfernt an das italienische Castello de Monte erinnern, wie es auf den italienischen Centmünzen zu sehen ist.

Eine kleine Hommage an dieses freilich viel größere und historisch bedeutsamere Bauwerk kann man im Kassenhäuschen erwerben, ebenso wie eine Info-Broschüre und Selfmadepostkarten. Auf diesen sieht man auch einen kleinen Nistkasten, in dem immer wieder Turmfalken ihre Jungen aufziehen. Bio-Turmfalken, wenn man so sagen will. Die schwer giftigen, phenolhaltigen Abwässer der Kokerei wurden in den Biotürmen von oben über grobkörnige Schlacke ausgesprüht. Auf der Schlacke, die den Turm füllte, sorgte ein biologischer Rasen für eine erste Verringerung des Phenolgehaltes. Wie Schornsteine zogen die unten offenen Türme den nötigen Sauerstoff für die Mikroorganismen an. Auch im sogenannten Belebtschlammbecken sorgten Mikroorganismen für weiteren Phenolabbau. Am Ende war das Wasser etwa halb von den Phenolen befreit, den Rest erledigte Verdünnung …

Heute beleben Frösche das Belebtschlammbecken, denn seit dem Rückbau der Kokerei, die trotz Klärwerk das regionale Grundwasser gründlich verseuchte, rückt die Natur wieder näher heran. Raus kommt aus dem Betonbecken aber keiner mehr – es sei denn, es wäre ein Flugfrosch …

Adresse Finsterwalder Straße 57, 01979 Lauchhammer, Tel. 0172/4114214 | **Pkw** A 13 Ausfahrt Ruhland, B 169 bis Lauchhammer-West, immer geradeaus bis zu den Biotürmen (gut ausgeschildert) | **Öffnungszeiten** April–Sept. So 10–18 Uhr sowie nach Vereinbarung | **Tipp** Alles über den Eisenkunstguss zeigt das Eisenkunstgussmuseum Lauchhammer, www.kunstgussmuseum.de.

46 Der Adonisröschenpfad

Eins der ältesten Naturschutzgebiete Deutschlands

Aufgepasst, den Wegweiser nach Wüste Kunersdorf links liegen lassen. Geradeaus führt die Straße in eine Senke, an deren tiefstem Punkt ein Hinweisschild den Weg zur »Landeslehrstätte« weist: hier scharf rechts. Viele fahren beim ersten Mal dran vorbei. Nächste Etappe ist ein Pfosten voller Richtungspfeile. Wie man an der Jakobsmuschel erkennt, führt hier auch der Pilgerpfad lang. Zum Adonisröschenpfad geht es jedoch in die entgegengesetzte Richtung, dem »Natura Trail« Richtung Adonishänge folgend.

Über flache Treppenstufen, begleitet vom Gesang des Pirols und Stechmücken in zweistelliger Millionenzahl, erreicht man in kurzer Zeit die Pontischen Hänge und findet dort einen herrlichen Aussichtspunkt. Unten fließt mit rasanter Strömungsgeschwindigkeit die Oder durch wilde Wiesen. Sie entspringt in Tschechien im mährischen Odergebirge, durchquert Polen und hat mit Hochwasser oft für Schlagzeilen gesorgt. In naher Ferne ragt die Skyline von Frankfurt auf.

Im April verwandeln Adonisröschen die Hänge in ein grenzenloses gelbes Blütenmeer. Es ist ein einmalig schöner Anblick, der den Weg unbedingt lohnt. Die kleine Blume aus der Familie der Hahnenfußgewächse ist giftig, weshalb ihr leuchtend goldgelber Blütenstern im Volksmund »Teufelsauge« genannt wird. In Zentraleuropa ist das Adonisröschen gefährdet und steht unter Naturschutz. Als Heilpflanze kurierte es in früheren Zeiten Gicht, Wassersucht, Herz- und Nierenleiden. An den Oderhängen blühen im Frühjahr auch Küchenschellen und Sandfingerkraut, später kommen Glockenblumen hinzu.

Die slawische Burg Lebus an der Oder war seit 1123 Sitz eines polnischen Bistums. Um 1250 ging Lebus (die Betonung des Ortsnamens liegt auf der zweiten Silbe) an die askanischen Markgrafen. Sie förderten das neu gegründete Frankfurt als Handelsstadt an der Oder, womit Lebus seine Bedeutung für den Handel verlor.

Adresse 15326 Lebus | **Pkw** B 5 bis kurz vor Frankfurt, B 112 bis Lebus | **Öffnungszeiten** immer außer bei Hochwasser; geführte Wanderungen bietet das Amt Lebus an, Tel. 033604/63758, www.amt-lebus.de | **Tipp** Der »Natura Trail« führt in der Steppenflora im Lebuser Land durch mehrere Naturschutzgebiete und verspricht eine einmalig schöne Radwanderung, www.naturatrails-brandenburg.de.

47 Der Befehlsstand Shukows

Eine Woche vor Berlin

»Hier beginnt der Original-Laufgraben, den am 16. April 1945 kurz vor 3 Uhr MEZ Marschall G. K. Shukow, Generalleutnant Telegin, Generaloberst Tschuikow und weitere Generäle und Offiziere emporstiegen.« Die Schautafel ist so hübsch einfach und urtümlich wie die Stützhölzer des Bunkereingangs im weichen Waldboden, die an ein Bergwerk zu Goldgräberzeiten erinnern.

Ein Kilometer vor Reitwein, auf einem Geländesporn mit schönem Blick über die Oder nach Polen, befand sich der Unterstand, von dem aus Marschall Shukow seine Truppen vor den Seelower Höhen befehligte. Wenn man im rauschenden Wald steht, stelle man sich das Rauschen in der Feldtelefonleitung vor, durch die Stalin gerade Shukow zusammenstaucht! Die gewaltige Stärke seiner Streitmacht im Kopf, verstand das Väterchen im fernen Moskau nicht, warum der Angriff stockte und nicht längst Berlin erobert war. Shukow beorderte sofort eine als Reserve gedachte Garde-Panzerarmee nach vorn, was zur Folge hatte, dass binnen Kurzem alle Wege blockiert waren und gar nichts mehr ging. Weil die Deutschen zu diesem Zeitpunkt weder genügend Luftaufklärer noch Panzer mehr besaßen, hatten die Sowjets, wie Erich Kuby es formulierte, »ihr Chaos … ganz für sich allein«.

Man muss sich wundern, dass die Sowjets erst eine volle Woche später, am 23. April, die östlichen Vororte Berlins erreichten, denn ein Panzer wäre nur einen halben Tag gefahren, und nach dem Durchbruch der zweiten deutschen »Frontlinie« bei Seelow gab es außer einzelnen Gefechtsposten und besoffenen Hitlerjungen keine Verteidiger mehr. Doch, wie Kuby aus Zeitzeugen-Interviews erfuhr, operierte die Rote Armee nach der peinlichen Seelow-Erfahrung unter einem ganz anderen Motto, welches lautete: »Vorsicht, Vorsicht, Vorsicht!« Auch diese Worte kann man, wenn man nur ganz genau hinhört, im Wipfelrauschen auf dem Reitweiner Sporn deutlicher vernehmen.

Adresse 15328 Lebus OT Reitwein | **Pkw** B 5 von Berlin, kurz vor Frankfurt auf die B 112 über Lebus bis Hathenow, rechts ab nach Reitwein, durch den Ort, bis es nicht mehr weitergeht | **Tipp** In der Gedenkstätte/Museum Seelower Höhen in Seelow werden die dramatischen letzten Tage der Befreiung Deutschlands vom Würgegriff der eigenen Idiotie auch für die Nachgeborenen sehr lebendig, www.gedenkstaette-seelower-hoehen.de.

48 Das Ufo von Wulkow

Holidays from outer space

Eine Birkenallee führt von Booßen nach Wulkow. Schöne Fahrt unter grünen Baumkronen. Verträumt gurkt man auf den Ortseingang zu. Rechts Felder mit Saatkrähen, links ländliche Wiese. Mit Ufo. Ah, ja, hmm. Waas, Ufo?! Bremsung. Wendung. Vollgas zurück. Echt Wahnsinn, ein Ufo! Auf geht die Luke, und heraus steigt – ein winkendes Kind, schön braun von der Sonne. Hebt kameradschaftlich die rechte Handfläche, spreizt auch niedlich seine Finger, erwidert unseren Vulkangruß. Also, dann sind die gar nicht grün? Was macht es denn jetzt? Es geht schaukeln. Aha. Eigentlich genau wie unsere Kinder.

Im Inneren des Ufos entdeckt man eine beeindruckend schöne Konstruktion aus meterlangen dampfgebogenen Holzsparren. Wie Radspeichen laufen sie an der Decke zusammen. Offiziell heißt diese Art von Gebäude »Domespace« und wurde von einem französischen Architekten entwickelt. Frankreichs Domespaces sind auf Scheiben montiert und können um 360 Grad gedreht werden. Warum geht das in Deutschland nicht? »Hier glauben die Baubehörden, das Ufo kippt um, wenn man es dreht«, seufzt der Inhaber und zuckt die Achseln wie ein Franzose. Was soll man machen.

Im Jahr 2000 war Wulkows Ufo ein Außenstandort der Weltausstellung Expo. Inzwischen beherbergt es auf zwei Etagen Feriengäste mit Freude an extraterrestrischem Wohnkomfort. Für die Wulkower bedeutet der Erfolg, den ihr viel bestauntes Niedrigenergiehaus hat, dass ihre ökologische Denkweise sich durchgesetzt hat. Die 230 Einwohner sind in nicht weniger als sechs Vereinen organisiert, das ist geballtes Engagement. Falls das Ufo ausgebucht ist, gibt es im Ökospeicher von Wulkow noch Zimmer. Die Speicherküche von Peter Bienert ist 100 Prozent bio, jedes Gericht sieht toll aus und schmeckt phantastisch. Nachts hört man keine Autos, auch nicht noch so leise und weit entfernt. Gar keine. Rundum Stille. Wie im Weltall.

Adresse Am Gutshof 1, 15326 Lebus OT Wulkow, Tel. 033602/419422, www.oekospeicher.de | Pkw B 5 bis Booßen, links nach Wulkow bei Booßen; nicht zu verwechseln mit dem nahen Wulkow bei Trebnitz | Tipp In Frankfurt (Oder) kann man seit ein paar Jahren einfach so über die Oderbrücke nach Słubice spazieren.

49 Die Wanderdüne

Trefft den König der Ameisenlöwen

Die Binnendüne Quitzöbel liegt in einem UNESCO-Biosphärenreservat der Extreme. Wo sich die Flüsse Elbe und Havel verschlingen, liegen eine Wüste und ein Überschwemmungsgebiet in direkter Nachbarschaft zueinander. Havel und Elbe führen selten gleichzeitig Hochwasser. Um bei Elbhochwasser einen Rückstau der Flut in die Havel zu verhindern, wurde die Havelmündung durch den Gnevsdorfer Vorfluter, einen parallel zur Elbe verlaufenden Kanal, weiter elbabwärts verlegt. Damit gelang die Umleitung der Elbeflut in die Havelniederung. Für extreme Hochwasser wurden rechts und links der Havel eingedeichte Flächen, sogenannte Polder, als Überschwemmungsgebiete geschaffen.

Im Dünensand hat ein Räuber der unheimlichsten Art sein Reich gebaut. Er ist ein Killer, der die Öffentlichkeit scheut. Erst 2010 wurde der Ameisenlöwe zum Insekt des Jahres ernannt. Was sich hinter dem großen Namen verbirgt, ist die Larve der Ameisenjungfer. Sie gräbt Trichter in den weichen Sand und fängt darin Beute. Im Treibsand der Falle finden kleine Insekten keinen Halt mehr und rutschten der Larve direkt in die Zangen. Mit einer Injektion Gift lähmt sie ihre Beute. In Sekunden ist alles vorbei. Doch wenn es jetzt so klingt, als sei der Ameisenlöwe gefährlich wie ein Skorpion, keine Sorge. Die Larve der Ameisenjungfer ist für den Menschen völlig harmlos und tut ihm nichts. Ihre Zangen gleichen kleinen Fühlern und die Larve selbst einem hellgrauen borstigen Käfer von weniger als zwei Zentimetern Größe.

Die Binnendüne von Quitzöbel zählt zu den seltenen Biotopen und ist die größte Elbdüne in Brandenburg. Entstanden ist sie vor über 10.000 Jahren in der Weichseleiszeit und blieb bis heute von industriellem Abbau verschont. Klettern ist erlaubt. Schon mit dem Ende der Eiszeit war die Wanderschaft der Düne zu Ende. Brandenburgs Wälder begannen zu wachsen und ließen sie nicht mehr durch.

Adresse 19336 Legde/Quitzöbel OT Quitzöbel | **Pkw** B 5 über Kyritz, hinter der Kreuzung mit der B 107 links über Kletzke nach Bad Wilsnack, über Legde nach Quitzöbel | **Tipp** Man sollte versuchen, Fahrräder zu bekommen, und den Elberadweg nehmen: Ab der Wehrgruppe Quitzöbel kann man zwischen Elbe und der verlängerten Havel fahren.

50 Der Dorf-Konsum

Alles noch wie früher

Wo ging man einkaufen in der DDR? Für größere Auswahl gab es die »HO-Läden«. Dazu gehörten die Intershops, in denen mit Devisen bezahlt wurde, ebenso wie die »Exquisit-« und »Delikat-Läden«, in denen höhere Qualität und Importwaren angeboten wurden. Der Laden für den täglichen Bedarf war der »Konsum«, den es in jeder winzigen Ortschaft gab. In der DDR wurde beim Wort Konsum fälschlich die erste Silbe betont. Wie bei Konsul. Warum? Niemand weiß es mehr, sagen sie.

Schlagersüß-Tafeln können heute wieder geknabbert werden. An ihre DDR-Vergangenheit als Substitutionsschokolade mit schäbigen sieben Prozent Kakao erinnert nur noch die maritime Tricolore der Verpackung in schönstem DDR-Industriedesign. Rotkäppchen-Sekt ist in aller Munde. Halloren-Kugeln gibt es in fast so vielen Sorten wie Eis in der Eisbude. An Bautz'ner Senf kommt kein deutsches Würstchen vorbei. Aber die H-Milch in der Dreieckspackung? Creck-Schokolade (Slogan: »Freude und Energie für Kinder und Sportler«) mit Sammelbild in jeder Packung? Dederon-Schürzen? Wo sind die?

Als DDR-Produkte aus den Regalen verschwanden, erkannte die damalige Museumsleiterin Kerstin Beck die Zeichen der Zeit und übernahm kurzerhand das Mobiliar eines Dorf-Konsums. Es war der Beginn der Museums-Speisekammer, die heute von Besuchern aus ganz Brandenburg bestaunt wird. Ostprodukte zu sammeln wurde ein Wettlauf mit der Zeit. Was heute im Dorf-Konsum in Lenzen steht, gibt es zum Teil nirgendwo mehr zu kaufen. Manche Produkte gehen über das früher übliche Konsum-Angebot hinaus, aber alle gab es in der DDR, wenn sie auch manchmal eher unter als über dem Ladentisch verkauft wurden.

Neben dem Museum wird eine Filzwerkstatt betrieben. Die farbenfrohen Hüte und Kunstgegenstände sind Unikate und werden aus handverarbeiteter Schafwolle gefertigt.

Adresse Bahndamm 11, 19309 Lenzen (Elbe), Tel. 038792/80592 | **Pkw** B 5 bis Karstädt, links ab nach Lenzen | **Öffnungszeiten** Mai–Okt. Mo–Fr 10–17 Uhr, Sa 14–17 Uhr; ab 15. Okt.-April Mo–Fr 10–16 Uhr (bei der Filzwerkstatt klingeln) | **Tipp** In Lenzen beginnen herrliche Wege in die Elbtalaue. Die Burg Lenzen ist die erste Anlaufstelle für alle Naturfreaks.

51 Das Besucherbergwerk F60

Politisches K.o. nach 15 Monaten

Die stählerne Heuschrecke ist nach wie vor gigantisch. Sie ist mit 502 Metern und 11.000 Tonnen länger und schwerer als der Pariser Eiffelturm! Auf 60 Metern Höhe fraß sie früher im Braunkohletagebau Klettwitz-Nord Sand und Geröll aus dem Hang, förderte sie über Gummibänder nach hinten und setzte sie auf das bereits abgeweidete Bergbaufeld. Erst wenn sie fertig war, übernahmen Schaufelbagger den eigentlichen Kohleabbau.

1989 bis 1991 hatte sie der VEB TAKRAF Lauchhammer gebaut, es war die modernste und größte weltweit existierende Abraumförderbrücke vom Typ F60 – Spitzentechnik made in GDR. Noch heute arbeiten vier ähnliche Exemplare in den Tagebauen Nochten, Jänschwalde, Reichwalde und Welzow-Süd. Doch das jüngste Exemplar der Reihe erstickte Glasnost noch in der Wiege. Das Feld Klettwitz-Nord wurde im Auftrag des Bundes geschlossen und für den Rückbau vorbereitet. An der brandneuen F60 sollten schon bald die Sprengsätze kleben. Zum Glück regte sich in den umliegenden Gemeinden deutliches Interesse am Erhalt des gerade erst geschlüpften Kolosses.

Bis 1998 hing seine Zukunft an einem seidenen Faden. Gemeindevertreter aus Lichterfeld und die Senftenberger Landschaftsarchitektin Elke Löwe entwickelten behutsam ein tragfähiges Erhaltungskonzept. Das monumentale Schwergewicht war schließlich nicht bloß ein Symbol der regionalen Bergbaugeschichte, sondern auch ein Mahnmal für die oft unbegreiflichen politischen Entscheidungen im überstürzt wiedervereinigten Deutschland.

Die Gemeinde Lichterfeld-Schacksdorf erwarb die F60 und baute sie besuchergerecht um. Endlich kam auch Rückendeckung von der hohen Politik. Altkanzler Gerhard Schröder, der seinerzeit noch die politische Größe verkörperte, stand an jener Kanzel, die seither verklärt »Kanzlerblick« heißt. Wie jeder abgehobene Politiker hat man hier wohl gute 60 Meter Luft unter den Füßen …

Adresse Bergheider Straße 4, 03238 Lichterfeld-Schacksdorf OT Lichterfeld, Tel. 03531/60800, www.f60.de | Pkw A13 Ausfahrt Bronkow, über Göllnitz, Lieskau nach Lichterfeld (ausgeschildert) | Öffnungszeiten auf www.f60.de | Tipp Die Flutung der stillgelegten Tagebaue kann man am eindrucksvollsten vom IBA-Terrassen-Besucherzentrum Lausitzer Seenland verfolgen: Seestraße 100, 01983 Großräschen.

52 Das Wildpferdgehege

Besuch bei den ältesten Pferden der Welt

Auf dem Weg zum Wildpferdgehege kommt schon richtig Safaristimmung auf. Ganz einfach ist es nicht zu finden. Es geht ein Stück waldeinwärts und nach dem Parkplatz noch etwa 800 Meter weit zu Fuß. Am Eingang steht die zahme Gans Augustchen und begrüßt neu angekommene Gäste mit einem lockeren Schwätzchen (nur auf Gänsisch – Gänsisch bitte gleich merken).

Am Ende eines kleinen Wegs, an Pfauen und Kaninchen vorbei durch den Haustierpark, liegt das Wildpferdgehege. Es ist ein wildes, weites Land von 26 Hektar Fläche, auf dem die kleine Herde in natürlicher Umgebung leben kann. Beinahe wie vor über 50 Millionen Jahren. Die Prezewalski-Pferde in der Schorfheide sind echte Urpferde. Seit Jahrzehnten sind sie ausgestorben, was ihren Erhalt im Wildpferdgehege und einer Handvoll ähnlicher Schutzorte weltweit umso kostbarer macht.

Manchmal muss man ein bisschen warten, bis sie sich blicken lassen. Die kleine Gruppe kommt gern gemeinsam an den Zaun. »Die sind schon sehr lange zusammen«, erklärt die Tierpflegerin. Wenn man eine Weile in der Nähe der Wildpferde bleibt, spürt man, wie freundlich, gelassen und sanftmütig das Wesen dieser Tiere ist. Sie zeigen nicht die geringste Spur von Unruhe oder Nervosität. Ihre ruhige Präsenz strahlt Wachheit und Güte aus, und sie geben dem Besucher etwas von sich mit. Können Wildpferde Menschen segnen? Es scheint so. Ihr Schopf und die kurze Stehmähne sind dunkelbraun, das Rückenfell ist rötlich gefärbt. Ihre Darstellung auf den 20.000 Jahre alten Höhlenmalereien von Lascaux ist genau getroffen.

Eine hauseigene Züchtung des Wildpferdgeheges, die Liebenthaler Pferde, können unter Anleitung vom Hochsitz aus beobachtet werden. Auch eine Safari durchs Semireservat mit dem Lkw kann man vereinbaren. Am Wochenende und an Feiertagen gibt es im Wildpferdgehege für die Besucher Kaffee und Kuchen aus dem Holzofen.

Adresse Weg zum Wildpferdgehege 1a, 16559 Liebenwalde OT Liebenthal, Tel. 033054/62411, 0172/3800439, www.wildpferdgehege-liebenthal.de | Pkw B 109, hinter Zerpenschleuse links auf die B 167, vor Liebenwalde rechts ab, über Hammer nach Liebenthal | Öffnungszeiten März–Okt. Di–Fr 10–16 Uhr, Sa, So 10–17 Uhr | Tipp Spielend reiten lernen Klein und Groß im Pferdeparadies Freienhagen, www.pferdeparadies-freienhagen.de.

53 Der Kahnfährhafen Lübbenau

Hier ist immer Saure-Gurken-Zeit

Frühmorgens geht es in Lübbenau, der Hauptstadt des Spreewalds, noch recht langweilig zu. Erst wenn die Touristen ausgeschlafen haben und sich aus den Bussen quälen, die sie auf den Parkplätzen absetzen, wird eine leichte Unruhe spürbar. Erste Pulks machen sich auf den Weg zum Etappenziel des Tages: dem Kahnfährhafen! Dort wird noch emsig aufgebaut: Der Aufsteller, auf dem die ortstypischen Mitbringsel angepriesen werden, steht nur pro forma da, denn schließlich kennt sie jeder und kauft sie jeder: Gurken, Gurken, Gurken – sogar aus Stoff und Filz, in Schlüsselanhängerform …

Die lautlose Bewegung der Kähne zu den Kais und der Aufbau der letzten Spreewaldspezialitätenstände deuten bereits voraus auf den Beginn des Trubels, der hier um Mittag herrschen wird. Die ersten Besuchergruppen verteilen sich gemächlich auf die freien Kähne. Bier und – wer hätte es gedacht – Gurken(!) stehen als Reiseproviant überall zum Kauf parat. Wer will, kann hier später auch in Restaurant-Gondeln Platz nehmen und tafeln wie in Klein-Venedig. Sogar der Landesdichter Theodor Fontane hat es nicht viel anders erlebt als wir Heutigen: »Drei Bänke mit Polster und Rückenlehne versprachen möglichste Bequemlichkeit, während ein Flaschenkorb von bemerkenswertem Umfang – aus dem, so oft der Wind das Decktuch ein wenig zur Seite wehte, verschiedene rot und gelb gesiegelte Flaschen hervorlugten – auch noch für mehr als bloße Bequemlichkeit sorgen zu wollen schien.«

So ist's noch heut, und so wird es bleiben, bis der Spreewald irgendwann im eigenen Morast versinkt. Bis dahin wird die Zahl der Fahrgäste, die sich vom Kahnfährhafen Lübbenau in alle Himmelsrichtungen durch die Spreekanülen davonstochern lassen, ins Unermessliche angestiegen sein und die Kette der verkauften Gurken dreimal bis zum Mond und wieder zurück reichen. Soll uns recht sein.

Adresse Dammstraße 77a, 03222 Lübbenau, Tel. 03542/2225, www.grosser-spreewaldhafen.de | **Pkw** A 13 Ausfahrt Lübbenau | **Tipp** Im Schloss-Restaurant »Linari« tafelt man unter den »Lynar'schen Eichen«, die schon Theodor Fontane erwähnte: Schlossbezirk 6, www.schloss-luebbenau.de.

54 Das Spreewalddorf Lehde

Mein Haus, mein Kanal, mein Kahn

Fontane nannte es »die Lagunenstadt in Taschenformat« – Lehde sei »ein Venedig, wie es vor 1.500 Jahren gewesen sein mag, als die ersten Fischerfamilien auf seinen Sumpfeilanden Schutz suchten«. Dieser Vergleich ist natürlich weit hergeholt, und die einstigen Spreefischer sahen bestimmt urtümlicher aus als die heutigen sauber livrierten Spreewaldgondolieri, die ihre Kahnladungen zur Mittagszeit in Lehdes Marktzeile absetzen. Die Spree verbreitert sich an dieser Stelle zu einem mittelprächtigen Bach und schwemmt allerlei touristisches Treibgut heran. Das Gasthaus am einen Ufer scheint mehr Anziehungskraft zu besitzen als das ausgezeichnete Freilandmuseum am gegenüberliegenden, in das sich nur hin und wieder eine bildungsbeflissene Kleingruppe verirrt.

Freilich ist das ganze Dorf sein eigenes Museum. Hier fängt der Spreewald erst an, sagt ja jeder. Ein bisschen Koketterie mag schon dabei sein, wenn der Lehder Postbote noch immer per Kahn die Post ausfährt. Doch man kann es nicht bestreiten: Zu jedem der teils noch reetgedeckten Holzhäuschen gehörten eine Anlegestelle, ein Stocherkahn und ein zierlicher Holzsteg.

Dazu kommt ein hübsches Gärtchen und fast überall eine kleine Fremdenpension im Stall. Hier wird heute mehr nach dem Geld der Touristen geangelt statt nach echten Fischen. Aber ein Wirtshaus gibt es noch, wie zu Fontanes Zeit, und wer es echt mag, bestellt sich Hecht. Echt? Ja – Hecht!

»Das wäre kein echtes Spreewaldsmahl, wenn nicht ein Hecht auf dem Tische stünde. Die Leber ist von einem Hecht und nicht von einem Schleie. Der Fisch will trinken, gebt ihm was, daß er vor Durst nicht schreie. … Das erste Glas galt, wie billig, der Wirtin, andere folgten, bis zuletzt die Mahlzeit und die lange Reihe der Toaste mit dem Jubelhymnus abschloß: Die Leber ist von einem Hecht und nicht von einem Störe. Es lebe Lehrer Klingestein, der Kantor der Kantöre.«

Adresse 03222 Lübbenau OT Lehde | **Pkw** A 13 Ausfahrt Lübbenau, durch Lübbenau bis Lehde | **Tipp** Im Freilandmuseum mitten in Lehde kann die ganze Familie ausprobieren, wie man in früheren Jahrhunderten gelebt hat. Schließlich kann man ja nicht den ganzen Tag nur Gurken essen und Bier trinken, oder? Tel. 03542/2472.

55 Der Finckensteinpark

Wo des Romantikers Herz liegt

Karl Wilhelm Finck von Finckenstein war ein Jugendfreund und treuer Diener Friedrichs II. in verschiedenen diplomatischen Ämtern. 1752 kaufte er das Amt Madlitz westlich von Frankfurt (Oder), das zur Unterscheidung der friderizianischen Kolonie Neu-Madlitz in Alt-Madlitz umbenannt wurde. Sein Sohn Friedrich Ludwig Karl war nicht ganz so königstreu: Als der »Choleriker auf dem Thron« in den Müller-Arnold-Prozess eingriff, »cassirte« er ihn als Chef des Küstriner Gerichts sofort wieder. Er verlor somit sein Amt, weil er dem großen Friedrich tapfer und standhaft juristisch widersprochen hatte.

Friedrich Ludwig Karls Glück war damit gemacht – in jungen Jahren eine lebenslange Sofortrente! Der Freund der Literatur und Gartenkunst besuchte England und schuf zu Hause den ersten englischen Landschaftspark. 38 Jahre lang pflegte er die Idylle des Land- und Familienlebens, wovon Ludwig Tiecks »Phantasus« Zeugnis ablegt. Er übertrug Gedichte Theokrits und verliebte sich in Rahel Varnhagen. Leider konnten eine jüdische Bankierstochter und ein märkischer Adliger auch in der Romantik nur ein phantastisches Paar sein …

Nach der letzten Wende kamen Schloss und Park Alt-Madlitz wieder in Familienbesitz. Das von »Bauernhand« fast gänzlich ruinierte Schloss wurde liebevoll restauriert und durch einen ökologischen Land- und Forstwirtschaftsbetrieb mit Hofladen, Hotel und Veranstaltungsräumen ergänzt. Wenn man die blühenden Kastanien vorm Schloss bewundert und frei atmend durch den herrlichen Park spaziert, in dem kleine Tempel und künstliche Gebirge ebenso verzaubern wie 240 Jahre alte Buchsbäume, dann kann man spüren, dass hier einst ein Romantiker gelebt hat. Am Waldrand, auf einem kleinen, Herzberg genannten Hügel, liegen 14 Feldsteine. Unter dem größten liegt Friedrich Ludwig Karl von Finckensteins Herz begraben, während die anderen seine Kinder symbolisieren.

Adresse 15518 Madlitz-Wilmersdorf OT Alt-Madlitz | **Pkw** B 5 von Berlin bis Georgenthal, rechts über Wilmersdorf nach Alt-Madlitz, vor dem Schloss parken | **Öffnungszeiten** ganzjährig, Drehtür rechts zum Park benutzen | **Tipp** Am Ortsausgang Richtung Briesen hat der spanische Künstler Manuel Campanario-Frias ein grellbuntes, skurriles Skulpturenareal aufgebaut.

56 Das NSG Marienfließ

Freie Heide für den Ziegenmelker

Der sowjetische Truppenübungsplatz »Redlinskii« ist aus einem Wehrmachtsflugplatz entstanden. Von den Russen beständig erweitert, umfasste er zum Zeitpunkt der Auflassung 1991 einen Abwurfplatz für Bomben, einen Panzerschießplatz sowie einen Hubschrauberübungsplatz. Seit 1992 wurde das Gelände von Munition beräumt und stufenweise in ein erlebbares »Natura 2000«-Schutzgebiet verwandelt. Von den fast 3.000 Hektar Gesamtfläche liegen mehr als zwei Drittel in Brandenburg. Der Zustand des Geländes wird heute als »gut« eingestuft – am Ende eines langen und von Kontroversen gepflasterten Weges.

Wenn man die Flächen der nach 1990 in Deutschland geräumten militärischen Sperrgebiete zusammenzählt, kommt man auf ein Gebiet von der Größe des Saarlandes. Ein großer Teil lag auf dem Gebiet der DDR. Unter den Militärbrachen der DDR-Verwaltungsbezirke Cottbus, Frankfurt (Oder) und Potsdam war das Sperrgebiet »Redlinskii« nicht das kleinste, wenngleich klein gegen das 14.400 Hektar umfassende ehemalige »Bombodrom« in der Kyritz-Ruppiner Heide. Der Aufwand der Beräumung von militärischen Altlasten war jedoch selbst für »Redlinskii« nicht zu finanzieren – die trotz immenser Fördermittel bewältigten 137 von 3.000 Hektar sind so gut wie nichts.

Daher muss man heute, wenn man die seltene Vogel- und Pflanzenwelt erkunden will, stets an die Blindgänger denken, die noch im Boden liegen, und sollte von den gesicherten Wege tunlichst nicht abweichen. Die Natur fast allein genießen kann man trotzdem, weil das Gebiet so abgelegen ist, dass Besucherströme auch in Zukunft nicht zu erwarten sind. Dem menschenscheuen und nachtaktiven Ziegenmelker – dem wohl geheimnisvollsten Vogel des »Natura 2000«-Schutzgebiets – kommt das sehr gelegen. Seine schnarrenden Balzgesänge kann in warmen Juninächten hören, wer immer sich im Dunkeln in die Heide traut. Glücklicherweise sind das nicht viele.

Adresse 16945 Marienfließ OT Jännersdorf | Pkw A 24 Ausfahrt Putlitz, Richtung Putlitz, hinterm Wald rechts ab über Nettelbeck, Porep bis Jännersdorf (Wanderweg ins NSG vom Friedhof aus) | Tipp Eine gute Viertelstunde mit dem Auto entfernt liegt der Preddöhler Stausee, ein wunderschöner Badesee, den man über Klein-Triglitz erreicht. An der Dorfstraße steht die verlassene Villa Maria des Wunderheilers Paul Cornelius Buss.

57 Der Eiskeller Julianenhof

Am Anfang war die Mopsfledermaus

Bei Winterquartieren sind Fledertiere sehr wählerisch. Von Oktober bis März fallen sie in eine Art Tiefschlaf. Die Körpertemperatur sinkt, und der Herzschlag verlangsamt sich. Werden Fledermäuse dann gestört, wenn sie nur vom sommers angesammelten Fett zehren, so sind sie in Lebensgefahr.

Als der NABU-Regionalverband Strausberg-Märkische Schweiz 1992 nach existierenden Fledermaus-Winterquartieren in der Gegend forschte, stieß er auf eine eigenartige Keller-Ruine voller Fledermäuse: Sogar die vom Aussterben bedrohte Mopsfledermaus war darunter. Es handelte sich um den einstigen Eiskeller auf dem zum Rittergut Reichenberg gehörenden Vorwerk Julianenhof. Verglichen mit den wenigen anderen noch existierenden Eiskellern in Brandenburg erwies sich der Eiskeller Julianenhof in jeder Hinsicht als geräumig: 120 Kubikmeter Eis der nahen Tornowseen konnten hier eingelagert und mindestens ein, wenn nicht gar zwei Jahre frisch gehalten werden. Der NABU kaufte Stallkomplex und Eiskellerrest, restaurierte beides mit Hilfe zahlreicher Sponsoren und richtete ein »Internationales Fledermausmuseum« ein, wo man sogar – sonst nur von Storchenhorsten bekannt – via Bildschirm die Fledermäuse unterm Scheunenfirst in ihren Tagschlafplätzen und Wochenstuben beobachten kann.

Das neue Hotel gefällt den kleinen Fernsehstars: Wasser- und Fransenfledermaus, Großes Mausohr, Braunes und Graues Langohr, Mops- und Bechsteinfledermaus legen hier winters die Flügel an. Die Breitflügelfledermaus ist sogar im Sommer und im Winter da, wohingegen Zwerg- und Große Bartfledermaus in Julianenhof nur im Sommer zur Wochenstubenzeit unterm Stallfirst anzutreffen sind. Im vollständig restaurierten Eiskeller können die Besucher fröstelnd eine Ausstellung übers Kühlen, bevor es Kühlschränke gab, sehen. Wem's zu kalt wird, den bestraft das Leben! Einfach dumm bleiben und wieder rausklettern.

Adresse Julianenhof 15b, 15377 Märkische Höhe OT Julianenhof | Pkw B 158 von Berlin bis Tiefensee, rechts auf die B 168, hinter Prädikow links ab über Grunow, Ihlow nach Reichenberg | Öffnungszeiten Mai–Aug. täglich 10–16 Uhr (Eiskeller Mai–Sept.) | Tipp Noch mehr ledrige Tiere sieht man in der Reichenberger Straußenfarm mit Hofladen im Mühlenweg 1.

58 Der Birnengarten Ribbeck

Kumm man röwer, ick hebb 'ne Birn

Den kinderlieben Birnenonkel gab's wirklich. Als Hans Georg von Ribbeck 1759 starb, ließ er sich zur letzten Reise eine Birne ins Grab legen. So lautet die 1887 von Karl Eduard Haase veröffentlichte Sage, nach der Fontane seinen »Ribbeck auf Ribbeck im Havelland« verfasste. In seinem Schatten gerieten die Werke unbekannter Birnenbarden in Vergessenheit. Dabei sind sie wirklich lustig zu lesen.

In der Ribbeckfamilie wurden schon lange vor Fontane märkisch-markige Birnenverse geschmiedet. So marschiert der berühmte Vorfahr bei Hertha von Witzleben in zackigen Jamben auf: »In allen Kleidertaschen er Birnen, Äpfel hat / gab stets mit beiden Händen, gab gern, genug und satt. / Und als er kam zu sterben, man in den Sarg ihn legt, / denkt nicht an seine Taschen, darin er Birnen trägt. / Im Herbst viel kleine Birnen der Baum streut auf den Sand, / und heut noch greift mit Jubel danach der Kinder Hand. / Die Abendschatten sanken hernieder allgemach, / da ward in meiner Seele die alte Sage wach.«

Als der Birnbaum 1911 in einer stürmischen Nacht vom Sturm gefällt wurde, inspirierte dies Olga von Ribbeck zu einem wehmütigen Nachruf: »Jahrzehnte kommen, Jahrzehnte die gehen, / alljährlich ist leise das Wunder geschehen, / daß Frühling und Herbst in schaffender Macht / die Blütenfülle und Birnen gebracht; / da stürzte der traute Birnbaumgreis, / von Kindern und Großen betrauert so heiß; / sein stilles Segnen mit aller Kraft / hat ihm viel warme Freunde geschafft.« Ein Stück Stamm des historischen Birnbaums steht in der Kirche.

Zuletzt schmetterte Pfarrer Karl Boelcke aus Ribbeck 1932 sein Vanitas der weichen Birne: »Geschlechte auf Geschlecht in Ribbeck verging, / der Birnbaum wurde alt, die Birnen gering, / ja so voller bitterer Bitternis, / daß kein Kind mehr gern in die Kodden biß, / daß auch im Strumpf das größte Loch / vor ihrer Säuernis zusammen sich zog.«

Adresse Theodor-Fontane-Straße 10, 14641 Nauen OT Ribbeck, Tel. 033237/8590-0 | **Pkw** B 5 bis Ribbeck | **Öffnungszeiten** Schloss, Restaurant und Park sind täglich geöffnet, Museum 10–17 Uhr, Führungen täglich 13 Uhr | **Tipp** Kunsthandwerk und Spezialitäten verkauft das »Alte Waschhaus«, Am Birnbaum 6. Beim Essen »die Schulbank drücken« kann man in der »Alten Schule«, Am Birnbaum 3.

59 Der Beobachtungsplatz

139 Trappen, die man gesehen haben muss

Den »Märkischen Strauß« nennen sie die Großtrappe hier. Anscheinend wissen die Märker selbst sehr wenig über den stattlichen Vogel, denn schließlich kann die Großtrappe fliegen, der Vogel Strauß kann's nicht. Drei allerletzte Einstandsgebiete der sehr heimatverbundenen deutschen Trappen liegen in Brandenburg. Nur 139 Tiere leben dort heute noch in freier Wildbahn (Stand 2013).

Es ist den Vögeln hierzulande schon lange zu eng und unruhig geworden. Als Steppenbewohner liebt die Trappe kilometerweite freie Sicht auf ihre Artgenossen oder potenzielle Feinde. Annäherungen erträgt sie schwer. Sie braucht wildkräuterreiche Wiesen und Äcker. Was sie hasst: strengen Frost, sichtversperrenden Mais, Feldgehölze. Tödlich gar sind Bahnfahrdrähte und Stromleitungen, an denen sie sich, fliegt sie dagegen, die Knochen bricht. Mit bis zu 15 Kilogramm und 2,50 Metern Flügelspannweite hat sie es in der Luft wahrlich nicht leicht.

In der Staatlichen Vogelschutzwarte Buckow ist eine Ausstellung aufgebaut, in der man alles Wichtige erfährt, bevor man dann das Fernrohr durch die schwere Beobachtungsklappe eines nahen Holzturmes schieben kann. Ob sie heute wohl zu sehen sind? Bange Minuten oder Stunden … Da zeigen sich in der Frühlingssteppe die Hälse dreier ausgewachsener Trapphähne! Sobald die weißen Striche sich unbeobachtet fühlen, beginnt ein gespenstischer Tanz. Auf der kahlen Wiese stehen plötzlich rotbraun-weiße Zauberwesen. Grotesk stülpen sie ihr Federkleid um. Wo ist da vorn, wo hinten? Stundenlang kann das gehen.

Die vielleicht heimlich zuschauenden Trapphennen sieht man bei dieser Show seltener. Sie sind deutlich kleiner als die Hähne und viel unscheinbarer gefärbt. Ausgestorben wird später, heißt es frech auf der Homepage der Großtrappe. Bitte nicht, möchte man rufen, bleibt bitte bei uns! Da sind sie plötzlich verschwunden. Keiner hat gesehen wie.

Adresse Staatliche Vogelschutzwarte, Buckower Dorfstraße 34, 14715 Nennhausen OT Buckow, Tel. 033878 / 60257, www.grosstrappe.de | **Pkw** B 5 von Berlin bis Briesen, B 188 bis Stechow, über Nennhausen bis Buckow | **Öffnungszeiten** Balzzeit April–Mai | **Tipp** Ein Picknick im Park des Fouqué-Schlosses Nennhausen ist herrlich entspannend. Hier sieht man mit Glück auch Seeadler kreisen.

60_Das Molkenhaus Bärwinkel

Romantik in Raseneisenstein

Bevor aus Quilitz Neuhardenberg wurde, hieß es logischerweise Quilitz. Heute ist es natürlich Neuhardenberg. Aber das soll uns nicht weiter kümmern. In Quilitz wirkte 1800 bis 1803 der gerade mal 27-jährige Karl Friedrich Schinkel und verwirklichte seine erste, recht eigentümliche architektonische Vision an den Bauten des Vorwerks Bärwinkel. Hauptbau war ein Molkenhaus in Gestalt einer neoromanischen Basilika. Theodor Fontane fand diese formale Aufladung eines profanen Zweckbaus aberwitzig und übertrieben, Schinkel selbst hielt es später immerhin für die unter seinen frühesten Bauten »erheblichste«, weil »von eigentümlichster Anlage«.

Das Vorwerk Bärwinkel diente der Fleisch-, Butter- und Magerkäseproduktion. Im Molkenhaus wurde Käse gelagert. Auch hatte die Herrschaft hier ihre Säle, wo Käse probiert, Milch getrunken und auch etwaigen Gästen mit den eigenen Produkten aufgewartet werden konnte. Der Bau wurde aus dem im Oderbruch anstehenden Sediment Raseneisenstein, der an der Luft zum Rotbraun oxidiert, gemauert, was ihm ein besonders mittelalterliches Flair verleiht. Im Laufe von zwei Jahrhunderten wurde das Gebäude bis zur Unkenntlichkeit entstellt. Ein Förderverein nahm sich der Sanierung und Rekonstruktion an und hat bereits nach wenig mehr als einem Jahrzehnt ein beeindruckendes kleines Museum im Molkenhaus eingerichtet.

Die Dauerausstellung »Der junge Schinkel 1800–1803« informiert nicht nur über Vorwerk und Molkenhaus sowie über Schinkels frühe Einflüsse durch Vater und Sohn Gilly, bei denen er gelernt hatte, sondern auch über die Milchbegeisterung der Adeligen um 1800. Wenn man fragt, warum es kein Hinweisschild an der Straße nach Neuhardenberg gibt, bekommt man zur Antwort, dass die Erlaubnis dazu über 1.000 Euro kosten würde. Aber auch diese Hürde nimmt man leicht: Vorm Ortsausgang schnell noch rechts ins Gehölz abbiegen und schon ist man da.

Adresse 15320 Neuhardenberg OT Bärwinkel, www.foerderverein-baerwinkel.de | **Pkw** B 1 von Berlin bis Jahnsfelde, links über Trebnitz und Wulkow nach Bärwinkel | **Öffnungszeiten** April – Okt. Fr 15 – 18 Uhr, Sa, So 10 – 18 Uhr | **Tipp** In einem von Schinkel entworfenen Mausoleum an der Schinkelkirche Neuhardenberg liegt Namensgeber Karl August von Hardenberg begraben. Am Schloss beeindruckt ein farbenprächtiger Bauerngarten.

61 Das Up-Hus-Idyll

Keine Kraft so groß wie die Liebe

Wenige Schritte vom See und der Uferpromenade entfernt, liegt der schönste Ort der Fontanestadt Neuruppin. Die Geschichte hinter der malerischen Hochzeitskapelle, dem Restaurant und einem romantischen Hotel, die als Ensemble das Up-Hus-Idyll bilden, ist unglaublich. Mit bedeutenden Auszeichnungen wurde Inhaberin Gabriele Lettow für ihre Restaurierung geehrt. 1996 erhielt sie den Schinkel-Preis, 2004 den Fontane-Förderpreis und 2005 den Denkmalpflegepreis Brandenburgs.

Vom Up-Hus-Idyll wäre heute nichts zu sehen, wenn Familie Lettow sich im Frühjahr 1990 den zuteilungsfrei gewordenen Trabi gekauft hätte. »Wir hatten 14.000 Mark«, erzählt die Inhaberin. Das Up-Hus-Grundstück mit Ruinen kostete 10.600 Mark. Nach langem Überlegen fiel die Entscheidung gegen den Trabi. Mit dem übrigen Geld fing die gelernte Bauingenieurin an, aus dem Schutt das Idyll zu bauen. Ohne elektrischen Strom. Mit Holzlaternen, in die Kerzen gesteckt wurden. Als endlich die Städtebauförderung in Gang kam, wurde der erste Kredit beantragt. Wie viel Geld sie denn wolle, fragte die Bank. »Eine Million«, gab die Bauherrin gelassen zurück.

Die hat sie nicht gekriegt, dafür kam nach jahrelanger Schwerarbeit plötzlich der behördliche Baustopp. Es schien aussichtslos zu kämpfen. »Willst du das Up-Hus noch?«, fragte ihr Mann. Natürlich wollte sie es noch. »Dann machen wir weiter«, sagte er. Was das Geheimnis ihrer Tatkraft sei? »Meine starke Familie und mein Optimismus«, lächelt die Inhaberin.

Und dann kam der Erfolg und zog Gäste aus aller Welt ins Up-Hus-Idyll. »Die Amis staunen, wenn sie hören, dass unser Siechenhospital schon ein Jahr vor der Entdeckung Amerikas gebaut wurde!« Die musikliebende Inhaberin singt im eigenen Chor namens »Chorisma« (CDs bitte im Restaurant erfragen) und hat das überregional bekannte »Aequinox-Festival« Neuruppin ins Leben gerufen.

Adresse Siechenstraße 4, 16816 Neuruppin, Tel. 03391/398844 und 650800, www.up-hus.de | Pkw A 24 Ausfahrt Neuruppin | Tipp Vor dem Geburtshaus der Dichterin Eva Strittmatter (Alt Ruppiner Allee 81), deren Werke weltweit über zwei Millionen Mal verkauft und in 17 Sprachen übersetzt wurden, wurde ein Rosengarten angelegt.

62 Die Mumie des Ritters

Vorsicht mit Schwüren!

Da liegt er wie eine getrocknete Banane in seiner Vitrine. Wie uns die Legende um Christian Friedrich von Kahlbutz (1651–1702) berichtet, war er ein Schürzenjäger und hat, als sie ihn abwies, den Liebsten seiner Angebeteten, Schäfer Pickert aus Bückwitz, kaltblütig umgebracht. Worauf die schöne Maria Leppin, Schmiedtochter und ihrem Verlobten treu bis über den Tod hinaus, dem alten Grabscher entschlossen Paroli bot und ihn vor aller Öffentlichkeit des Mordes anklagte.

Seine Schuld stand fest, doch der Richter soll ein Feigling gewesen sein. Kahlbutz war ein mächtiger Mann in Kampehl, verheiratet mit einer Aristokratin und Günstling des Kurfürsten Friedrich-Wilhelm von Brandenburg. Wenn er schwöre, unschuldig zu sein, gelte seine Unschuld als erwiesen, erklärte der Richter. Und Kahlbutz schwor vor Gott, dass er kein Mörder sei und sei er's doch, möge Gott seinen Leichnam nie verrotten lassen.

Das Rätsel um die Mumie ist bis heute nicht gelöst. Es steht fest, dass Kahlbutz nicht mumifiziert wurde, sondern aus ungeklärten Gründen auf natürliche Weise ausgedörrt ist. In der Berliner Charité erfuhr der »nackte Ritter« höchste wissenschaftliche Ehre. Pathologe Rudolf Virchow und Chirurg Ferdinand Sauerbruch suchten beide, dem Geheimnis der zähen Leiche auf die Spur zu kommen – ohne Ergebnis. Möglicherweise litt Kahlbutz in seinen letzten Lebensjahren an Muskelschwund, Krebs oder Tuberkulose und starb körperlich stark ausgezehrt.

Seine Kleider haben ihm Napoleons Soldaten vom Leib gerissen, derb und großkotzig wie sie waren. Dabei soll der Arm des schaurigen Leichnams zum Schlag ausgeholt und einen der Grobiane erschlagen haben. So die Legende. Heute geht es in der winzigen Gruft in Kampehl gesittet zu. Die Blöße bedeckt, beide Arme ruhig am Körper, mag Ritter Kahlbutz denken: Ihr müsst mich nicht bedauern. Ich überdauere euch alle.

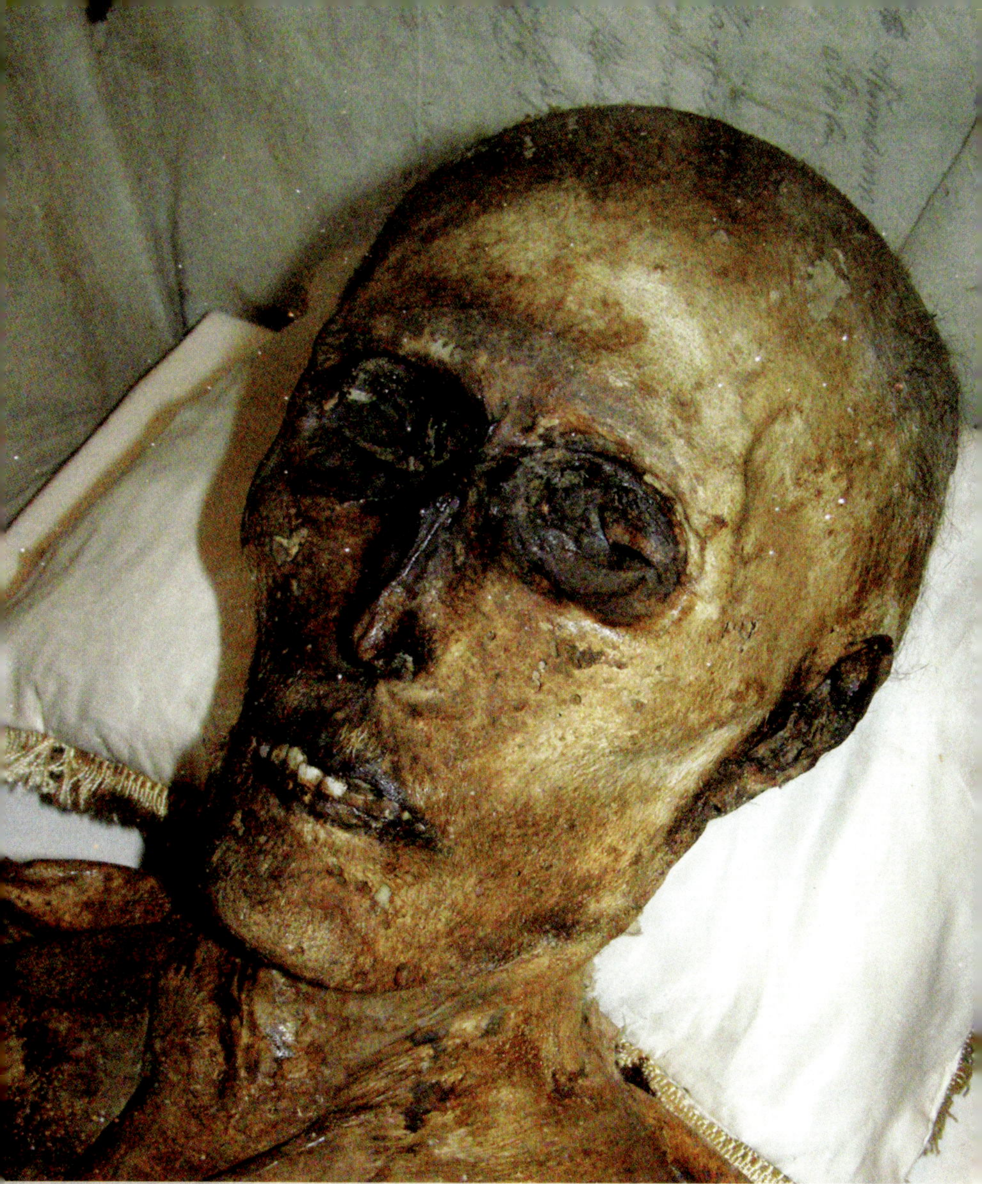

Adresse 16845 Neustadt (Dosse) OT Kampehl | Pkw A 24 Ausfahrt Neuruppin, B 167 bis Neustadt, weiter nach Kampehl (ausgeschildert) | Öffnungszeiten Nov.–März Di–So 10–12 und 13–16 Uhr (Jan. nur Sa, So); April, Mai, Sept., Okt. Di–So 10–12 Uhr und 13–17 Uhr; Juni–Aug. täglich 10–12 und 13–17 Uhr, Kontakt Pfarramt Tel. 033970/13265 oder www.kalebuz.de | Tipp Das nahe Neustadt war einst eine Exklave der Landgrafschaft Hessen-Homburg. Außer dem Landesgestüt fasziniert dort heute die aparte Sammlung des Kutschenmuseums.

63 Die Klosterkirche Neuzelle

Was für ein Theater!

Ein Bayer in Brandenburg wäre verloren, wenn es das Städtchen Neuzelle nicht gäbe. Hier findet er alles, was er von zu Hause gewohnt ist: Wirtshaus, Klosterbrauerei, Klosterkirche und Madonna. 1815 kam das Ende für die böhmischen Zisterzienser in Neuzelle. Trotz des Versprechens Friedrich Wilhelms III., alle geistlichen Stiftungen der sächsischen Wettiner zu bewahren, wurde das Kloster Neuzelle 1817 aufgehoben. Seither wird es von einer katholischen und einer evangelischen Gemeinde belebt und ist daher auch so gut erhalten.

Die evangelische Kreuzkirche ist die eine Besonderheit von Neuzelle. Nach der Reformation musste das Kloster den wenigen katholischen Restgläubigen Pfarrseelsorge anbieten. Da es nun dem Abt einerseits untersagt war, außerhalb des Klosters eine Kirche zu bauen, andererseits aber innerhalb des Klosters keine Pfarrkirche stehen durfte, wurde die »Kirche zum Heiligen Kreuz« Bestandteil der Außenmauer und hat auf jeder Seite ein Tor.

Das Innere der Klosterkirche Sankt Marien wurde erst durch die baufreudigen Äbte Conradus Proche und Martinus Graff im frühen 18. Jahrhundert barockisiert. Sinnbildlich dafür, dass dies die Erfüllung seines Lebens gewesen ist, starb Abt Martinus drei Tage nach der Weihe des barocken Hochaltars durch den Kulmer Bischof im Jahre 1741.

Kaum irgendwo wird augenfälliger vorgeführt, was barockes Welttheater bedeutete. Zehn Nebenaltäre umfließen als prächtige Mäntel die polygonen Pfeiler der gotischen Halle. Dadurch verschwindet die architektonische Stützfunktion gänzlich hinter dem prachtvollen Gesamteindruck. Wie Theaterkulissen werden die Nebenaltäre hintereinander ins Bild geschoben und lenken den Blick auf den Hochaltar, der viel weiter entfernt scheint, als er es tatsächlich ist. Das Thema der zentralen Emmausgruppe ist der Titel des Stückes, das hier inszeniert wurde: »Christus ist auferstanden!«

Adresse Stiftsplatz 7, 15898 Neuzelle, Tel. 033652/8140, www.stift-neuzelle.de | Pkw A 12 Ausfahrt Frankfurt (Oder)-Mitte, B 112 über Eisenhüttenstadt nach Neuzelle | Tipp Wer nach dem Besuch der Klosterbrauerei noch klar sieht, sollte im Dorfladen bei den Himmlischen Schwestern, Priorsberg 2, nach Andenken kramen, www.himmlischeschwester.de.

64 Die Holperstraße

Wo normales Autofahren zum Extremsport wird

Göhlen, winzig, ist flugs durcheilt. Das Auto rast in den Wald, dem vier Kilometer entfernten Henzendorf entgegen. Doch ein Schlag erschüttert den Elan. Wo eben noch die ebene Fahrbahn war, breitet sich auf einmal eine von knotigen Adern überzogene, verrutschte Asphaltdecke aus. Tastend, um nicht vom Anprall der Bodenwellen zerlegt zu werden, kriechen wir auf der vorgeblichen Hauptchaussee weiter. Zerfetzte Betonplatten wechseln sich ab mit tiefen Schwemmkuhlen. In zehn Minuten haben wir weitere 300 Meter hinter uns gebracht. Für die Tachonadel bleibt unsere Geschwindigkeit langsam unter der Nachweisgrenze.

Metertiefe Bombentrichter zwingen zu einem Schlangenkurs. Erinnerungen ans Rohkonzept einer geteerten Straße tauchen auf. Leider hat ein Wahnsinniger das meiste wieder ausradiert. Die Piste wird moorig, von armdicken Wurzeln durchwachsen, die sich durch Knüppelschläge an Vorderachse und Unterboden Gehör verschaffen. Tannen ringsum, und der Blick über sieben Hügel zeigt Tannen bis zum imaginären Horizont. An einer lichten Stelle halten wir und stellen den Motor ab. Mit Dränglern oder Gegenverkehr ist hier nicht zu rechnen, auch wenn wir sie fast herbeisehnen – würden sie uns doch beweisen, dass wir noch an so etwas Ähnlichem wie Straßenverkehr teilnehmen.

Nachdem wir uns ein Herz gefasst haben und mit etlichen Metern pro Minute weiterstürmen, tauchen aus unauslotbaren Tälern voller scharfkantiger Granitsplitter breite Wellenkämme aus Kopfsteinen auf. Fast ist es wie das Erscheinen der Möwe nach langer Meerfahrt, als sich die Kopfsteininseln zu einem windgepeitschten Pflaster verdichten. Wir flippern zwischen den schwarzen Löchern und den hellen Spitzen hindurch. Da zeigt sich hinterm Waldrand Henzendorfs Ortsschild. Sofort ist das Geholper verschwunden. Wir waren an den Grenzen des Menschenmöglichen. Jetzt kann uns nichts mehr schrecken.

Adresse 15898 Neuzelle OT Göhlen | Pkw A 12 Ausfahrt Frankfurt (Oder)-Mitte, B 112 über Eisenhüttenstadt, Neuzelle bis Abzweig Steinsdorf, über Bomsdorf nach Göhlen | Tipp Durchs Schlaubetal zu wandern, ist wohl Brandenburgs schönstes Naturerlebnis. Start ist in Müllrose, Ziel in Wirchensee, www.schlaubetal-online.de.

65__Der Findlingspark

Seltenster Vogel Brandenburgs – der Steinspecht

Findlingspark, das klingt nach Geologischem Lehrpfad à la »von Granit zu Migmatit, von Quarzporphyr zu Augengneis, Basalt oder Sandstein«. Dieser allseits breitgetretene »Spaziergang durch die Erdgeschichte« reizt nur noch wenige Flachlandtiroler zu einem Trip ins Grüne. Die ursprüngliche Konzeption wird daher das Interessantere am Findlingspark Henzendorf bleiben, der doch ein so traumhaft abgelegener, malerischer Ort ist!

Die Idee, der Findlingsparade durch bildhauerische Bearbeitung eine mythische Dimension zu verschaffen, ist einmalig. Hier gibt es einen hethitischen, einen germanischen und einen keltischen Bereich.

Alles wurde strikt nach historischen Vorbildern gearbeitet, daher ist die göttliche Präsenz deutlich spürbar. Droht nicht der (c)hurritische Gewittergott Teschub mit Wolkenfäusten, als wir knipsend die bogenschießende Göttin Ischtar einfangen? Schon treibt uns prasselnder Landregen in den Schutzpavillon.

Neben Kriegerstatuen, Gottheiten, geflügelten Einhörner und Drachen kann man eine Sonnenfigur aus 365 Steinen bewundern sowie geheimnisvolle Malereien mit uralten Schriftzügen. Das aus 60 Findlingen bestehende »Schiffsgrab« liegt weiter hinten im Dauerregen, doch dann belebt das wiederkehrende Tagesgestirn die Sonnenuhr mit römischen Zahlen auf den im Kreis ausgelegten Steinen.

Der Berliner Künstler Ulrich Thiel hat die Anlage konzipiert und betreute sie bis zu seinem Tod 2004, gemeinsam mit den polnischen Bildhauern Kazimierz Krewniak und Adam Sobiraj, die im Tagebau Nochten schon 1992 Kopien uralter Bildwerke schufen. Auf dem vier Hektar großen Heidestücks am Rande eines ehemals russischen Sperrgebiets haben die »Steinspechte«, wie die Einheimischen die Künstler liebevoll nennen, bislang rund 180 höchst unterschiedliche Steine veredelt. Dreimal auf Granit geklopft, dass es künftig in Thiels Sinne weitergeht!

Adresse 15898 Neuzelle OT Henzendorf | **Pkw** A 12 Ausfahrt Frankfurt (Oder)-Mitte, B 112 über Eisenhüttenstadt bis Neuzelle, über Bahro nach Henzendorf | **Tipp** Nach so vielen Steinen müssen die schweren Sühnekreuze in der Friedhofsmauer von Wellnitz, Zeugnisse mittelalterlicher Gerichtsbarkeit, auch noch mitgenommen werden.

66 Die Silberkehle

Schlucht mit Ausblick

Fontane schrieb über Pritzhagen am Großen Tornowsee: »Pritzhagen bedeutet wenig, seine Berge und Schluchten jedoch … viel, selbst seine Kehlen.« Reizend auch sei der »Dachsberg, kaum eine Viertelstunde vom Dorf entfernt und mit Recht ein Lieblingsplatz aller märkischen Touristen«. Will man nun zum viel gepriesenen Dachsberg, so muss man eine der besagten Kehlen, sprich: Schluchten, zum Aufstieg nutzen. Wenn die Schlucht den erzträchtigen Namen »Silberkehle« trägt, so ist das schon einmal aufregend.

Natürlich redet der Volksmund, wo immer es glitzert und glimmert, schnell von Gold und Silber. Im Falle der Silberkehle will Fontane angeblich glimmerhaltige Sande gefunden haben, »die so fest waren, daß man mit dem Messer Figuren hineinschnitzen konnte«. Wie auch immer: Die Silberkehle ist ein Relikt der Weichseleiszeit, ein Kerbtal, das wie mehrere andere Kehlen eine Zeit lang munter Gletscherwasser von der Barnimplatte in die Buckower Rinne ableitete, dann aber allmählich trockenfiel.

Für Brandenburger ist ein Aufstieg durchs Kerbtal der Silberkehle eine angemessene Trainingseinheit. Die Schlucht ist noch immer eiszeitlich kühl und karg an Vegetation. Im lichten Laubwald der v-förmigen Talhänge gibt es erstaunlich viele Rotbuchen. Einige Bäume liegen wie Mikadostäbchen quer über der Schlucht. An der tiefsten Stelle sieht man im Sommer den Wald vor lauter umgestürzten Bäumen nicht mehr.

Schließlich wird der Pfad steiler, führt über einige Hindernisse (Baumstämme) hinweg nach links bis zum Dachsberg. Hier lässt sich's wieder frei atmen und ausruhen. Wenn ein Proviantkorb mit kühlen Getränken heraufgeschleppt wurde, heißt es ausgiebig vespern, den Vogelstimmen lauschen und sich die Sonne auf den Pelz brennen lassen. Die Buckower Kirche lugt über den Waldhorizont, und in der Tiefe glitzert einer der beiden Tornowseen. Preisfrage: Ist es der Große oder der Kleine?

Adresse 15377 Oberbarnim OT Bollersdorf/Pritzhagen | **Pkw** B 1 von Berlin bis Müncheberg, B 168 über Waldsieversdorf bis Abzweig Buckow, über Buckow bis Pritzhagen | **Tipp** Die denkmalgeschützten Feldsteinbauten von Pritzhagen stehen an der »Oberbarnimer Feldsteinroute«, ebenso die »Pritzhagener Mühle«, der älteste Gasthof der Märkischen Schweiz.

67_Der Gedenkstein

Gewalt, das Leiden der Schwächsten

Edward Norton wurde als Hauptdarsteller von »American History X« für den Oscar nominiert. In einem Interview sagte er, er habe praktisch ohne Gage gearbeitet, weil ihm die Botschaft des Films so wichtig war. Es folgten Premieren in New York und Los Angeles. Brillante Journalisten schrieben in bedeutenden Zeitungen über »American History X« und dessen Thema, den Rechtsextremismus. Der Film lief in deutschen Kinos und beeindruckte Studentinnen und Studenten, die Soziologie oder Journalismus studierten, weil sie unsere Gesellschaft verstehen und verändern wollten.

»American History X« erschien auf DVD und floss den kulturellen Rinnstein entlang in die Gosse. Dorthin, wo es keine Kinos mehr gibt, keine Buchhandlungen, null Bildung, null Ausbildung, null Jobs. Dafür Hektoliter billiges Bier.

Bei den privaten Filmvorführungen auf dem Brandenburger Flachland ging es nicht mehr um Betroffenheit, sondern nur noch um die Anleitung zum Töten – die der Film liefert. Vor den Bildschirmen saßen junge Männer, die in Deutschland keiner haben will – weder die Betriebe noch das Jobcenter. Und erst recht nicht die schönen Mädchen aus Berlin.

Gewalt ist ein Zeichen von Schwäche. Die Mörder von Marinus Schöberl wussten, dass Deutschland sie abgeschrieben hatte. Doch sie wollten zu den Starken gehören. Viele ihrer Gleichgesinnten waren schwere Alkoholiker. Sie hatten kein Geld, nichts von der Welt gesehen und keine Aussicht auf Arbeit. Ihre jungen Gesichter sahen trist und verschwommen aus. Es ist allzu leicht, sich von ihnen zu distanzieren, indem man sie als Neonazis stigmatisiert. So wird der Beitritt zum Club der Gerechten sehr einfach. Das Problem der Jugendgewalt scheint notwendig zu sein für Politiker, Talkmaster und Journalisten, die keine Alkoholiker, sondern Weinkenner sind und unsere Gesellschaft nicht mehr verändern wollen, weil es ihnen sehr gut geht.

Adresse Mittelweg, 17291 Oberuckersee OT Potzlow | **Pkw** A 11 Ausfahrt Pfingstberg, über Suckow, Gerswalde, Pinnow nach Potzlow, der Gedenkstein steht vor der Kirchenmauer | **Tipp** Auf der Seenwanderroute rund um den Oberuckersee, von Seehausen über Potzlow, Fergitz und Suckow erreicht man den Mittelpunkt der Uckermark mit Aussichtspunkt und Rastplatz.

68 Das Theater am Rand

Die Wildnis gehört zum Stück

Ganz am Rand von Brandenburg, im wild-verwunschenen Oderbruch, haben zwei große Künstler ein Theaterhaus zum Leben erweckt. Ihr »Theater am Rand« hat mitten in der Wildnis Wurzeln geschlagen und wächst seit 15 Jahren langsam und beständig, wie die alten Bäume in der Nachbarschaft: Es hat ein großes Herz, hat eine unverwechselbare Stimme, spielt gern mit Wort und Musik, drückt sich klar und weit vernehmlich aus, verändert seine Umwelt. Verändert die Welt. Thomas Rühmann ist Schauspieler, hat große Erfolge am Maxim Gorki Theater in Berlin gefeiert und wurde als Dr. Roland Heilmann zum Publikumsliebling der ARD-Serie »In aller Freundschaft«. Tobias Morgenstern ist ein begnadeter Akkordeonist, visionärer Baukünstler und leidenschaftlicher Vertreter verantwortungsvoller »Zeitgenossenschaft«.

»Das Oderbruch ist nicht lieblich. Hier spielen sich harte Schicksale ab«, erklärt Tobias Morgenstern, um deutlich zu machen, welche Stoffe ihn interessieren. Geschichten von Menschen, die auf der Suche sind, die lieben, die für etwas kämpfen, die an Grenzen stoßen. Was am Leben rau und abseitig ist, was am Rand liegt, bringen Morgenstern und Rühmann auf die Bühne. Mal haben dabei Schauspieler das Wort, ein andermal spricht Morgensterns Musik. »Wir machen's den Leuten nicht leicht«, meint der Musiker.

Gespielt wird Kunst, die nichts mit leichtem Konsum am Hut hat, sondern tiefe Gefühle und Nachdenklichkeit weckt. Auseinandersetzung ist gefragt, auch wenn sie erst mal ungewohnt und unbequem sein mag.

Weit über 20.000 Zuschauer wollen Jahr für Jahr dabei sein. Im Publikum sitzen Intellektuelle neben Bauern, und nach der Aufführung zahlt jeder, was er für richtig hält. »Zahlen Sie uns, was wir brauchen«, sagen die Theaterbetreiber, und schon wird aus einer schönen, gesellschaftlichen Utopie eine handfeste Erfahrung, die nicht länger utopisch bleibt.

Adresse Zollbrücke 16, 16259 Oderaue OT Zäckericker Loose (Wohnplatz Zollbrücke), Tel. 033457/66521, www.theateramrand.de | Pkw B 158 von Bad Freienwalde Richtung Wriezen, vor Altranft links ab, über Croustillier, Neureetz, Altreetz, Altwustrow und Ferdinandshof bis Zollbrücke | Tipp Pema Reisen bietet regelmäßig Fahrten zum »Theater am Rand« an, www.bustreff.de/145123. Im Ortsteil Neurüdnitz in der Dorfstraße steht übrigens ein Gedenkstein für den kommunistischen Arbeiterführer Ernst Thälmann.

69 Der Judenhof

»Leuchtturm der Stadt Perleberg«

So nennt der engagierte Bürgermeister von Perleberg voller Stolz den historischen Judenhof seiner Stadt. Das malerisch an der Stepenitz gelegene Ensemble alter Gebäude ist über 700 Jahre alt und gilt als der am besten erhaltene Judenhof in Deutschland. Betrieben vom Perleberger Kulturverein entsteht hier ein modernes Ausstellungs- und Informationszentrum.

Juden und Christen lebten seit der Spätantike als Nachbarn. In vielen mittelalterlichen Städten bewohnten Juden ihr eigenes Viertel. Um ein Ghetto handelte es sich dabei nicht. Zum Judenhof, von den Juden selbst als »unser Hof« bezeichnet, gehörte ein freier Platz, der Synagoge und Mikwe umgab. Hier siedelten jüdische Geschäftsleute und Rabbiner mit ihren Familien. Wie in vielen alten Städten liegt auch in Perleberg der Judenhof in einer vornehmen Gegend.

Die jüdische Gemeinde war Ausdruck Perleberger Wohlstands und wurde entsprechend gewürdigt. Die Mikwe lag idealerweise direkt an der Stepenitz, der kleine Durchgang ist gut erhalten. Nach jüdischem Brauch stellt ein Bad in der Mikwe die religiöse Reinheit des Gläubigen her. Die Mikwe (wörtlich übersetzt: »Ansammlung lebendigen Wassers«) soll möglichst ein natürliches, fließendes Gewässer sein.

Das Leo Baeck Institut und moderne jüdische Gemeinden legen heute Wert auf eine zeitgemäße Darstellung jüdischer Geschichte. Zu beschränkt und historisch unrichtig ist eine Sichtweise, die europäische Juden ausschließlich als Verfolgte und Opfer präsentiert. Weder endet die deutsch-jüdische Geschichte mit dem Rassenwahn der Nazidiktatur, noch gab es eine kontinuierliche Verfolgung der Juden von den Kreuzzügen bis zum Nationalsozialismus. Vielmehr waren Juden in allen Jahrhunderten aktive Bürger und visionäre Mitgestalter der Kultur und Wirtschaft in Mitteleuropa. In Deutschland ist heute wieder eine starke jüdische Gemeinschaft lebendig.

Adresse Parchimer Straße, 19348 Perleberg | Pkw A 24 Ausfahrt Pritzwalk, B 189 bis Perleberg | Öffnungszeiten frei zugänglich; Termine für geführte Besichtigungen unter Tel. 03876/616315 | Tipp Im DDR-Geschichtsmuseum, Feldstraße 98, findet man eine DDR-Ausstellung, www.ddr-museum-perleberg.de.

70_Der Pilgerweg

»Ultreia!« (Pilgergruß)

Muss man an Gott glauben, um zu pilgern? Muss man nicht. Können auch Leute pilgern, die nie in die Kirche gehen? Selbstverständlich. Wie lang ist der Pilgerweg? Von Berlin bis Bad Wilsnack 130 Kilometer. Gilt es auch, wenn man nicht den ganzen Weg geht? Ja, gilt auch. Und warum macht man das? Weil man beim Pilgern jemanden kennenlernt, mit dem man Tag und Nacht zusammen ist und für den man nie genug Zeit hat: sich selbst.

Auf dem mittelalterlichen Pilgerweg liegt das uralte Dörfchen Söllenthin. Urkundlich wird »Sollentyn« 1346 erstmals erwähnt. Die Endung »-in« legt nahe, dass es sich um eine Ansiedlung der Wenden handelte. Hier führt der Pilgerweg an blühenden Wiesen entlang durch beinahe unberührte Natur. Wie auf dem Jakobsweg nach Santiago de Compostela wird jede Station mit einem Stempel im Pilgerpass bestätigt. Jeder kann einen Pilgerpass führen (zu bestellen unter www.wege-nach-wilsnack.de). Von der Marienkirche in Berlin führt der Pilgerweg über Tegel, Heiligensee, Hennigsdorf, Bötzow, Flatow, Linum, Hakenberg, Tarmow, Fehrbellin, Protzen, Manker, Garz, Barsikow, Metzelthin, Wusterhausen/Dosse, Kyritz, Rehfeld, Berlitt, Barenthin, Göricke, Söllenthin, Klein Leppin, Groß Leppin und Plattenburg bis zur Wunderblutkirche von Bad Wilsnack.

Auch der große europäische Wallfahrtsweg ins spanische Santiago führt durch Brandenburg. Aus Polen (Stettin) kommend, beginnt der Brandenburger Jakobsweg in Frankfurt (Oder) und verläuft auf der 295 Kilometer langen Route über Müncheberg, Strausberg, Bernau, Linum, Protzen, Wusterhausen, Görike, Bad Wilsnack, Havelberg (Sachsen-Anhalt), Hohenberg-Krusemark (Sachsen-Anhalt) nach Tangermünde (Sachsen-Anhalt). Von Tangermünde bleiben gut 2.500 Kilometer bis Santiago in Galicien. Auf der Strecke Berlin–Wilsnack weichen der Brandenburger Jakobsweg und der oben beschriebene Pilgerweg leicht voneinander ab.

Adresse 19339 Plattenburg OT Söllenthin | **Pkw** B 5 bis Gumtow, über Schönhagen und Görike nach Söllenthin | **Tipp** Die nahe Plattenburg ist sehenswert, nicht nur wenn das Mittelalterspektakel steigt. Was sagt der Chronist? »Wegen der angenehmen Lage zwischen den Wässern, Wiesen, Gärten und Buschwerk haben sich die Bischöfe hier gerne aufgehalten …«, www.die-plattenburg.com.

71 Das Borcherts

Am Eisfenster kommst du nicht vorbei

»Eismacher sind wie Zirkuskinder – entweder man hat's in die Wiege gelegt bekommen oder nicht«, sagt Otto, die eigentlich Ines Koplin heißt. Ihr Vater sah sie in der Wiege liegen und beschrieb das Neugeborene seinen Skatkollegen so: »Sieht aus wie Otto Witt. Hat auch keine Haare.« Den Blick fürs Wesentliche hatte er: Als die Putlitzer Fein- und Weißbäckerei am Durst des Bäckermeisters zugrunde ging, nahm Bernd Borchert die Ladenräume in Augenschein und sagte: »Da machen wir eine Eisdiele draus.«

Softeis war in der DDR eine Rarität. Der Koch des Rathenower »Kaiserhofs« brachte Bernd Borchert das Eismachen bei, und ein Wunder wurde wahr. Softeis in der DDR mit saftigen Bananenstückchen! Die Bananen verdankte der Inhaber seinen guten Kontakten. »Zwölf Kisten kriegt ihr? Da gehen sechs in die Berliner Kaufhalle und die anderen nach Putlitz.« Wie nicht anders zu erwarten, war der Boom enorm. Jahrzehntelang fuhr Borcherts Eiswagen durch die Prignitz.

Tochter Otto, inzwischen gelernte Feineiskonditorin, verkaufte neben Softeis auch bald Eiskugeln aus hausgemachter Streicheisproduktion. Erdbeeren, Johannisbeeren und Kirschen kommen aus den ländlichen Gärten der Prignitz. Weil der Durchgang neben Borcherts die schmalste Stelle der Stadt ist, wird er »das Nadelöhr von Putlitz« genannt. Zufällig liegt das Nadelöhr genau auf dem Weg zur Schule. Jedes Schulkind der Gänsestadt muss nachmittags durch. Auf halber Höhe im Nadelöhr ist Ottos Eisfenster. Mit originaler Rezeptionsklingel.

»Ehrlichkeit spielt eine Rolle beim Eismachen«, sagt Ines Koplin. »Wir drehen den Wasserhahn zu, wo andere die süße Masse noch strecken.« Schauspieler Kurt – »Kultkurti« – Böwe, DDR-Legende und Stammgast bei Otto, wollte partout Cognac über sein Softeis haben. Aber den hat er nur im Glas gekriegt, denn verdünnt wird das Eis bei Otto nicht, und dabei bleibt's!

Adresse Rudolf-Breitscheid-Straße 12, 16949 Putlitz, Tel. 033981/80213 | Pkw A24 Ausfahrt Putlitz, an der Ampel rechts und gleich wieder links | Öffnungszeiten So–Mi 11–20 Uhr, Fr–Sa 11–21 Uhr | Tipp Im Rathaus (in der Stadtbücherei) erhält man den Schlüssel zum Burgturm auf dem Gelände des einstigen Gutes Burghof der Edlen Herren Gans zu Putlitz. Auch das Freibad liegt sehr idyllisch am sauberen Flüsschen Stepenitz.

72__Die Burg Rabenstein

Mittelalter live

Keine Lust mehr auf Spielplatz, Kita und Kinderkanal? Ist der Badesee veralgt und ins Grüne fahren langweilig, weil die Action fehlt? Wie wär's mit einer riesigen mittelalterlichen Burg, in der man herrlich Verstecken spielen und rumrennen kann? Wo es keine Autos und keinen Straßenverkehr gibt, aber einen Rittersaal und eine schrecklich unheimliche originale Folterkammer? Außerdem weiß der Burgherr, wo das Gespenst der traurigen Rosemarie unerlöst herumspukt und eine echte Ritterrüstung zum Anfassen zeigt er den Besuchern auch (die steht gleich neben der Folterkammer).

Heilberufe, Kräuterkunde und Religionsfreiheit sind inzwischen staatlich anerkannt, und das Mittelalter hat wieder Hochkonjunktur. Auf Burg Rabenstein gibt es Ostern Turniere echter Ritter in Harnisch und zu Pferde, die mit Schwert und Lanze kämpfen wie zu König Artus' Zeiten.

Ein Publikumsmagnet sind die großen Mittelaltermärkte, bei denen Gaukler, Schausteller, Sänger und Tänzer ihre Zuschauer verzaubern und wohlfeile Waren angeboten werden. Mehrmals im Jahr spielen Bands mittelalterliche Musik, oft auf Instrumenten und in Kostümen aus jener Zeit.

Zur Burg Rabenstein gehört auch eine echte Falknerei. Jeden Freitag führt der Burgfalkner den Gästen Flugkunststücke seiner Falken vor und erzählt dabei viel Interessantes über Brandenburgs wilde Greifvögel. Am Samstag wird im uralten Backhaus Rabenstein knuspriges Landbrot nach alter Rezeptur im Holzofen gebacken. Die Burgküche serviert täglich gute rustikale Mahlzeiten, schmackofatzige Kinderteller und hausgemachten Kuchen. Wenn es trocken ist, wird im Burghof unter freiem Himmel serviert. Keine Lust mehr, nach Hause zu fahren? No problem: Wer eigenes Bettzeug mitbringt, kann für 20 Euro in einem der kleinen Herbergszimmer übernachten – Frühstück und »Kaffee satt« inklusive. Bitte vorher telefonisch anmelden.

Adresse Zur Burg 49, 14823 Rabenstein/Fläming OT Raben, Tel. 033848/60221, www.burgrabenstein.de | **Pkw** A 9 Ausfahrt Klein-Marzehns, rechts ab Richtung Raben, rechts ab zur Burg Rabenstein | **Öffnungszeiten** täglich 11–20 Uhr | **Tipp** Die »Steintherme« in Bad Belzig ist Deutschlands jüngstes Thermalbad. Die jodhaltige Bad Belziger Thermalsole gilt als Jungbrunnen. Ihr Salzgehalt liegt bei 20 Prozent, fast wie im Toten Meer, und ihre Temperatur beträgt 30 Grad, www.steintherme.de.

73 Der Optikpark Rathenow

Wunder des Sehens

Sind Familienausflüge immer Kompromisse aus Liebe? Entweder machen Mutti und Vati gute Miene zum blöden Spielplatz oder die Kleinen kommen nur widerstrebend mit, wenn Oma sich wünscht, dass endlich mal wieder alle zusammen bei ihr am Kaffeetisch sitzen sollen. Ein Ausflugsziel, das Ladys, Gentlemen and Kids kickt, ist der Optikpark Rathenow. Märchenhafte Blumenmeere und Parks mit Weidenpavillon à la Elfenhain für zarte Frauenherzen. Für Männer jede Menge futuristische Technik, komplizierte Geräte zum In-die-Hand-Nehmen, genaue Daten und Fakten aus Optik, Physik und Astronomie. Für Jungs und Mädchen Spielplätze mit dunklen Hütten, in denen Lichter blitzen und Sounds krachen, das Gehirn bei Intelligenztests gefordert und mit optischen Täuschungen aufs Glatteis geführt wird, Kletterburgen, Sandkästen und jede Menge Eis am Stiel.

Ein Sternenfernrohr der Luxusklasse steht als technisches Denkmal im Optikpark. Der »Rolfsche Refraktor« mit über 20 Metern Brennweite wurde von Ingenieur und Hobbyastronom Edwin Rolf in Rathenow entwickelt und gebaut. Konstruiert als »Brachymedialfernrohr« korrigiert es Farbfehler im Bild mit Hilfe einer Zerstreuungslinse und eines Hohlspiegels. Der Einsatz dieses Korrektursystems ermöglicht den Bau eines erheblich kürzeren Strahlengangs. Brachymedialfernrohre sind also Medialfernrohre (weil sie technisch eine Mittelstellung zwischen Fernrohr und Spiegelteleskop einnehmen) in verkürzter Bauweise.

Rathenows Aufstieg zur Optikstadt begann 1801 mit Johann Dunckers Schleifmaschine, die perfekt geschliffene Gläser lieferte und Rathenow sogar 1854 bis zur Weltausstellung in London katapultierte. Später entwickelte die Optische Industrie-Anstalt das spektakuläre Weitwinkelobjektiv »Pantoscop«. Das aus ihr hervorgegangene VEB Rathenower Optische Werke war bis 1989 alleiniger Hersteller von Brillen in der DDR.

Adresse Schwedendamm 1, 14712 Rathenow, Tel. 03385/49850, www.optikpark-rathenow.de | Pkw B 5 bis Briesen, B 188 bis Rathenow | Öffnungszeiten Ende April–Anfang Okt. täglich 10–21 Uhr, letzter Einlass ist um 19 Uhr (Sept., Okt. um 18 Uhr) | Tipp Das Optik Industrie Museum Rathenow am Märkischen Platz 3 hat Dienstag bis Sonntag von 11 bis 17 Uhr geöffnet, www.oimr.de.

74 Die Markgrafensteine

Fontanes kauernde Elefanten

Auf seinen Wanderungen durch die Mark Brandenburg mochte Theodor Fontane nicht lange bei den Markgrafensteinen verweilen. Er fand, sie sähen wie gestorbene Elefanten aus. Für die Brandenburger sind die Findlinge beim Teufelssee ein beliebtes Ausflugsziel.

Für die Stadt Berlin und ihre Monumente haben die beiden Steine ihr Bestes gegeben. Aus dem Granit des großen Markgrafensteins wurde eine berühmte Berliner Sehenswürdigkeit gefertigt: Baumeister Christian Gottlieb Cantian, ein Zeitgenosse Fontanes, schuf aus dem »großen kauernden Elefanten« die monumentale Granitschale im Lustgarten von Berlin-Mitte. Über 70 Tonnen schwer, wurde sie nach bewährter Pyramidenbaumethode über Holzrollen vorwärts geschoben, bis ans Ufer der Spree, und auf einem Lastkahn nach Berlin geschippert. Sie steht seit 1831 vor dem Alten Museum.

Gut 30 Jahre später hatte Preußen den Krieg gegen Österreich gewonnen und Wilhelm I. ließ auf dem Babelsberg eine Siegessäule errichten. Das Material, bester grobkörniger porphyrischer Granit, wurde ebenfalls Fontanes »großem Elefanten« aus der Seite gehauen. Wer da nicht irgendwann gestorben aussieht … Heute darf sich von den Markgrafensteinen kein Steinmetz mehr eine Scheibe abschneiden. Die beiden größten in Brandenburg entdeckten Findlinge stehen als Naturdenkmale unter Denkmalschutz. Der große Stein wog ursprünglich über 700 Tonnen. Der Kleine bringt es auf über 200 bis 280 Tonnen, was immerhin auch noch dem Gewicht von 400 bis 500 Konzertflügeln entspricht.

In der Nähe der höchsten Erhebung der Rauener Berge (153,80 Meter) steht nah beim Aussichtsturm der berühmte Steinerne Tisch. Ein kultisch anmutender dunkler Trumm, aus Granit gehauen.

So erhaben grobkörnig und porphyrisch der Klotz anmutet, erkennt man den edlen Spender sogleich. Wiederum handelt es sich um eine kleine Aufmerksamkeit des großen Markgrafensteins.

Adresse 15518 Rauen | **Pkw** A 12 Ausfahrt Fürstenwalde-West, nach Fürstenwalde hinein, nach Rauen hinaus (bestens ausgeschildert) | **Tipp** Nach der Bergtour durch die Rauener Berge sollte man am Scharmützelsee den Sommerbob rollen lassen. Scharmützelbob, Sommerrodelbahn am Scharmützelsee, Tel. 0152/29264662.

75 Das KKR

Es strahlt die DDR so frisch wie eh – noch bis 2069!

Der Große Stechlin ist Norddeutschlands größter und sauberster Klarwassersee. Seit Fontanes Roman »Der Stechlin« ist er weltberühmt. 97 Millionen Kubikmeter Wasser auf 4,25 Quadratkilometern – einmal rundum laufen heißt, 16 Kilometer wandern! Meist fällt der Seegrund schon gleich hinterm Ufer steil ab. Zehn Meter kann man klar sehen, doch an der tiefsten Stelle geht es 69,50 Meter nach unten. Steklo heißt auf Slawisch »glasklar«, verweist damit aber eher auf die hiesige Glasverhüttungstradition. Gerade hier legte die DDR 1966 ihr schmutzigstes Ei.

Auf den Rheinsberger Touristikseiten wird das Kernkraftwerk Rheinsberg (Ostbezeichnung: KKR) diskret verschwiegen. Doch spätestens ein Rundflug zeigt es unübersehbar als eingezäunte riesige Betonburg. Das Bundesfinanzministerium geht davon aus, dass der Abriss des unterirdischen Atommülllagers für feste und flüssige Abfälle bis 2013 und die Demontage der nuklearen Teile des DDR-Atommeilers Rheinsberg bis 2014 erfolgt sein könnten. Die 2010 begonnene Dekontamination des Gebäudes wäre dann 2018 beendet. Doch erst nach einer 50-jährigen »Verwahrzeit« wird der Abriss des Hauptgebäudes und die »anschließende Entlassung aus dem Atomgesetz« erfolgen: 2069.

Der Rückbau wird von den Energiewerken Nord (EWN) abgewickelt, die zu 100 Prozent dem Bund gehören. Sechs Jahrzehnte lang wird der Staat noch sicherstellen müssen, dass die Strahlenruine nicht in falsche Plünderer-Hände gerät. 600 Millionen Euro werden beim heutigen Stand für den Abriss veranschlagt. Das sind Peanuts, denn das zweite Kernkraftwerk der DDR, Lubmin bei Greifswald, schlägt mit 2,6 Milliarden Euro zu Buche.

Eine Besichtigung des im Rückbau begriffenen KKRs ist möglich. Sie sollte vor allem eines untermalen: Bei seiner Einweihung war es strahlendes Fanal der sozialistischen Zukunft. Daran hat sich nichts geändert.

Adresse Am Nemitzsee 1, 16831 Rheinsberg | **Pkw** Menzer Landstraße nach Menz, Lindenstraße, Roofer Straße, immer durch den Wald bis zum KKR | **Öffnungszeiten** monatliche Besuchertage der EWN Energiewerke Nord GmbH, Standort Rheinsberg, Tel. 033931/ 570 | **Tipp** Das Naturparkhaus Stechlin in Menz verrät alles Wissenswerte über die herrliche Landschaft um das Ex-KKR, www.naturparkhaus.de.

76_Die Remusinsel

Im Winter auch zu Fuß erreichbar

Das Thermometer zeigt 20 Grad unter Null. Seit drei Wochen friert der Große Rheinsberger See vor sich hin. Erst sah man vom Ufer aus nur einen Eisangler auf der Schneefläche hocken, dann waren es zwei. Als ein dritter hinzukommt, wird's gewagt. Von der nächstgelegenen Stelle des Waldes sind es zwar noch immer ein paar hundert Meter, doch es reicht, um sich beim Gang übers Eis ins finstere 17. Jahrhundert zurückzuversetzen. Ab und zu knackt es bedrohlich, doch es gelingt.

1635 hatten die Rheinsberger auf der Insel vor den marodierenden Schweden Zuflucht gesucht. Während sie in der Ferne ihre Hütten brennen sahen, erblickten sie das Herannahen ihrer Mörder, die ihnen auf die Schliche gekommen waren. Das winters erstarrte Blut tränkte im Frühling die Insel …

Die Reste der Burg sind verschwunden. Auch von auf der Insel im Dreißigjährigen Krieg vergrabenen Schätzen fehlt heute jede Spur. Als der Preußenkönig Eff Zwo sich in den Kopf setzte, dass in seinem »Remusberg« das Grab des Remus zu finden sei, hat man doch nur »ein paar alte abgekratzte Steine« gefunden … Doch gerade das macht die Remusinsel so anziehend. Einmal wie der Held von Daniel Defoes Schatzinsel in See stechen, wenn es auch nur der Große Rheinsberger See ist. Er ist groß, wenn man nur zwei Paddel hat und die steife Brise landeinwärts weht.

Vom Warenthiner Campingplatz, wo man gegen eine symbolische Startgebühr von 1 Euro sein Schlauchboot zu Wasser lassen darf, sind es je nach Wind und Bootstyp 20 bis 60 Minuten für die Überfahrt. Ein sonnendurchfluteter Schilfgürtel weist viele kleine Schlupflöcher auf, durch die man anlanden kann. An feinstem Sandstrand liegen oder auf einem dicken knorrigen Ast, der überm Wasser schaukelt – das sind so die Abenteuer, die dort warten. Und die Vorfreude auf ein deftiges Mahl in einer Rheinsberger Gastwirtschaft. Legt euch in die Riemen, ihr Landratten!

Adresse 16831 Rheinsberg – Wohnplatz Warenthin | **Pkw** A 24 Ausfahrt Neuruppin, über Gühlen-Glienicke und Zühlen nach Rheinsberg, vor der Ortseinfahrt links nach Warenthin, Parken am Campingplatz | **Tipp** Beim Spaziergang zum Schloss Rheinsberg kommt man am idyllisch und einsam auf einem Kunsthügel gelegenen »Parasol« vorbei, einst als hölzerner Riesen-Sonnenschirm für transpirierende Hofschranzen gedacht, heute lustiger Holzpilz im Hochwald.

77 Der Abhörposten Quelle 1

Genau hier saßen sie in der Leitung …

Selbst Fachleute staunen über all die heißen Informationsquellen der Geheimdienste im Kalten Krieg. Die Abteilung 7 der Unterabteilung Informationsgewinnung der Hauptabteilung III des Ministeriums für Staatssicherheit der DDR etwa kümmerte sich nicht nur um Funk, Richtfunk, Autotelefone et cetera, sondern – man horche, gucke und staune – auch um hoch technisierte Kabelverbindungen und Richtfunk! Bereits 1985, als im Westen die ersten Glasfaserkabel verlegt wurden, wurde man hellhörig. Als der Westen dann um Erlaubnis bat, 250 Kilometer Glasfaserkabel aus der BRD nach Westberlin zu verlegen, erlaubte der Osten es großzügig. So weltfern die Herren in Pankow auch manchmal waren: In ein Kabel voller Licht, das praktisch durch den Vorgarten verlief, na, da sollte man doch irgendwie reingucken können!

Anweisung Nummer III/015/85, Kodename Saphir A/2-1, bestand darin, das Kabel anzuzapfen und alles an Infos abzuschöpfen, was drin war. Noch vor Inbetriebnahme der Strecke begann »Quelle 1« 1987 zu sprudeln: Mittels Strahlteiler in der Verstärkerstelle Rathenow wurde die Leitung angebohrt. Im Januar 1988 begann man, zunächst eine Auswahl aus 57.000 Kanälen manuell und automatisch zu untersuchen. Dann wurde die Abhörkapazität kontinuierlich erhöht.

Mit Hilfe westlicher Demultiplex-Technik waren es zuletzt im Oktober circa 6.000 Faser-Kanäle für Telefon und Datenübertragung, in die das MfS hineinspiegelte. Eine »Saphir A/2-2« genannte Operation hielt ab 1986 in Rhinow auch das östliche Ohr in den westlichen Richtfunk – die Technik hierzu war mit Unsummen von Schmiermitteln aus dem Westen organisiert worden. Heute wird hier weiter ferngemeldet und rundfunkgesendet. Die einstigen »Quellen« des MfS sind versiegt. Im noch stehenden Richtfunk-Abhörturm mit seinem typischen Bienenkorb (NATO-Code: BEE HIVE) spukt höchstens noch der Geist der Abteilung 7.

Adresse Turmstraße, 14728 Rhinow | **Pkw** B 5 von Berlin bis Friesack, über Stölln nach Rhinow, am Ortseingang nach links in die Turmstraße, in einer Kehre unter dem Sendeturm parken, zu Fuß ein paar hundert Meter schräg den Waldhang aufwärts bis zum alten Abhörturm, hinter den Resten einer einstigen Platten-Mauer | **Tipp** Im Lilienthal-Centrum Stölln, wo (hierzulande sehr beliebt als Museumsattraktion) eine Iljuschin auf der Wiese steht, erfährt man alles über Nationalheld Otto Lilienthal, www.lilienthal-centrum.de.

78 Die Fossilsammelstelle

Von A wie Anis bis Z wie Zement

Anis hat etwas mit Zement zu tun, allen Unkenrufen der Bäcker zum Trotz. Natürlich löst nur die Geologie dieses Rätsel: »Anis« ist eine Kurzform von »Anisium«, das wiederum bloß der Akkusativ des Wörtchens »Anisius« ist, dem lateinischen Namen des Flüsschens Enns in Österreich. Die Bezeichnung »anisische Stufe« für einen Teil der sogenannten Trias - genauer: des Unteren Muschelkalks – wurde 1895 eingeführt und ist heute noch immer in Gebrauch. Kurz und gut: Das bei Rüdersdorf abgebaute Kalkgestein stammt aus dem triassischen Anis.

Natursteine und Zemente aus Rüdersdorf wurden für so bedeutende Bauten wie das Brandenburger Tor, das Berliner Schloss, das Olympiastadion von 1936 und die Terrassen von Schloss Sanssouci in Potsdam verwendet. Aber auch die Paläontologen kamen schon auf ihre Kosten. Sie haben ganze Teile des Anis nach den Fossilien der Rüdersdorfer Schichten gegliedert. Die fossilen Reste des Lebens vor – Achtung, jetzt kommt's! – 240 Millionen Jahren sind hier direkt an der Erdoberfläche zu finden. Für die eiszeitlich abgeschliffene und mit Lehm und Ton und Sand zugeschobene Baugrube Brandenburg ist das einigermaßen spektakulär.

Auch ausgewachsene Geologen werden wieder zu krabbelnden Kindern, wenn sie bei der Führung durch die aufgelassenen Teile des Steinbruchs plötzlich auf urzeitlichen Meeresgrund mit kleinen versteinerten Muscheln treffen. Hier, im noch immer größten Kalksteinbruch Mitteleuropas, wo seit über 750 Jahren Kalk abgebaut und seit 1666 zu Branntkalk für Mörtel (und später für Zement und Beton) gebrannt wurde, kann man das Ausmaß jahrhundertelangen Mörtelns in Berlin erahnen. Ohne Anis wäre das nicht möglich gewesen. Wer Glück hat, findet versteinerte Muscheln, Pyritkriställchen und diverse andere Mineralien. Fossilien anderer Herkunft kann man im reichhaltigen Fossilienmusem des Museumsparks bestaunen.

Adresse Heinitzstraße 41, 15562 Rüdersdorf, Tel. 033638/799797, www.museumspark.de | **Pkw** B 1 von Berlin bis Rüdersdorf | **Öffnungszeiten** April–Okt. täglich 10–18 Uhr, Nov.–März täglich 10.30–16 Uhr, Führungen nach Voranmeldung, Tel. 033638/799797 | **Tipp** Rüdersdorf war früher auch Filmstadt – der Tempel aus Fritz Langs Film »Das indische Grabmal« steht noch im Privatgarten, Am Seebad 2, am östlichen Ufer des Kalksees.

79__Der Weinberg

Lieber Wein lesen als gar keine Lektüre

»Der Riesling gibt mir den Vorgeschmack aufs Gehenktwerden«, hat Friedrich der Große gesagt. Man weiß leider nicht, ob er Berliner, Potsdamer oder Gubener Riesling getrunken hat, denn seinerzeit gab es noch jede Menge Weinberge in der Region. Bei Guben hatte der Weinbau eine lange Tradition. Weine aus Guben wurden in alle Welt verschickt und an europäischen Fürstenhöfen verkostet. 1647 etwa kelterten die Gubener Winzer 523.252 Liter weißen und 294.767 Liter roten Wein! Erst als starke Fröste die Weinberge der Region verheerten und alle Versuche zur Wiederbelebung scheiterten, wurde der Gubener Wein im 19. Jahrhundert zum Histörchen.

Im Dezember 2003 gründeten einige Gourmets in Grano den Gubener Weinbau e. V., um dem »Gubenschen« wieder zu Rang und Namen zu verhelfen. 2004 wurde die erste Rebe auf einem Weinberg gepflanzt. Die Ertragsentwicklung der Anfangsjahre war atemberaubend: Von 600 Litern 2005 ging es steil bergauf bis auf 8.000 Liter 2008! Auch wenn in den Folgejahren bis 2012 Väterchen Frost seinen Teil geschlürft hat, so ist man doch noch immer wagemutig.

Auf einem Hektar Rebfläche stehen sieben Weißweine (Grauburgunder, Weißburgunder, Riesling, Phoenix, Johanniter, Goldriesling und Gewürztraminer) und vier Rotweine (Spätburgunder, Regent, Acolon und Dornfelder). In der Schaukellerei wird sortenrein gekeltert, ausgebaut, abgefüllt, etikettiert, gekapselt, verkostet und verkauft. Seit 2008 darf sich Granoer Wein »Brandenburger Landwein« nennen. Die Granoer Winzer beraten jeden, der selbst Trauben anbauen will. Nach Voranmeldung kann jeder im Weinberg die Ärmel hochkrempeln. »In zwei bis drei Stunden erfahren Sie bei der Arbeit von uns, wie es richtig gemacht wird, und Sie haben für den Rest des Lebens Ihr Wissen und Können erweitert«, sagt der schwer schuftende Winzer und lacht. Wie schmeckt er denn nun, der Granoer? Hinfahren und herausfinden!

Adresse 03172 Schenkendöbern OT Grano | Pkw A 12 Ausfahrt Frankfurt (Oder)-Mitte, B 112 bis Guben, B 320 bis Schenkendöbern, von da nach Grano | Öffnungszeiten Weinverkauf Mo–Fr 9–19 Uhr (oder nach tel. Absprache) bei Hans Höhne, Lindenallee 6, Tel. 035693/239; zwecks Weinberg Helmut Moelle kontaktieren: Am Weinberg 10, Tel. 035693/4561 | Tipp Wem nach so viel Natur mehr der Sinn nach Technik steht, kann das alte Wasserkraftwerk in Groß Gastrose besuchen oder das Gubener Museum der Hutindustrie, www.schenkendoebern.de.

80 Der Zug der Verlorenen

Zur Gedenkausstellung fehlt Geld

Im Konzentrationslager Bergen-Belsen wurden in einem gesonderten »Aufenthaltslager« 14.700 Juden fremder Staatsangehörigkeit als sogenannte Austauschjuden gefangen gehalten, die der übrigen Welt signalisieren sollten, Nazi-KZs seien nichts weiter als zivile Internierungslager. Als die SS bereits Waffenstillstandsverhandlungen führte, wurden drei Züge mit insgesamt 6.800 »Austauschjuden« nach Theresienstadt losgeschickt. Nur 2.500 erlebten wirklich eine Ausreise in die Freiheit im Austausch gegen deutsche Kriegsgefangene.

Der sich verengende Korridor noch deutschen Gebiets zwang zu gewaltigen Umwegen. Nur ein Zug erreichte Theresienstadt. Ein zweiter wurde bei Magdeburg von Amerikanern gestoppt. Die Fahrt des dritten führte über Lauenburg, Wittenberge und Berlin und kam nach mörderischen elf Tagen vor einer gesprengten Elsterbrücke unweit Tröbitz zum Stehen. Das Zugpersonal machte sich mit der schiebenden Lok davon. Die Wehrmacht ließ den Zug mit einer Bergbaulokomotive noch ein Stück bis vor Tröbitz zurückziehen, wo ihn die vorrückende Rote Armee am 23. April antriebslos vorfand.

Die 198 Toten des Schreckenstransports wurden an verschiedenen Haltepunkten im Wald verscharrt – etwa bei einem zweitägigen Stopp an der »Schippchenbahn« bei Schipkau. 320 starben noch nach der Befreiung an Typhus – auch 26 Tröbitzer Helfer. In Tröbitz wurde mit israelischer Hilfe eine Gedenkstätte errichtet und ein geweihter jüdischer Friedhof angelegt.

Nur auf den Zuschuss für ein winziges Museum, der ihm vor Jahren von der Landesregierung versprochen wurde, wartet Bürgermeister Holger Gantke bisher vergeblich. »Nicht sechs Millionen Juden wurden ermordet. Ein Jude wurde ermordet, und das ist sechs Millionen Mal geschehen«, schrieb Abel Herzberg, einer der Überlebenden des Transports. Worte, die der geplanten Ausstellung das Motto vorgeben.

Adresse 01993 Schipkau | **Pkw** A 13 Ausfahrt Klettwitz, durch Schipkau bis zur nächsten Abzweigung im Wald, an der Ecke ist ein kleiner Parkplatz; von dort 100 Meter am Radweg mit den Schildern »Sperrgebiet« am noch erkennbaren Bahndamm entlang | **Tipp** In Senftenberg-Brieske, Ortslage Marga, wurde Marga, die erste Industriearbeitersiedlung mit Gartenstadtcharakter von 1907, wieder liebevoll restauriert – sie ist von oben völlig kreisrund.

81 Die BASF Schwarzheide

Hier stimmt die Chemie

BASF ist das weltweit größte Chemieunternehmen und hält seine Selbstbeschreibung bewusst schlicht »The Chemical Company. We create chemistry«, zu deutsch: »Die Chemiefirma. Wir machen Chemie.« In der Lausitz, wo der Konzern zu den größten und verlässlichsten Arbeitgebern gehört, arbeiten etwa 1.700 Beschäftigte. Auch wer eine natürliche Aversion gegen Raffinerietürme, rauchende Schlote und Rohrleitungen hat, muss bei einem Gang über das weiträumige Gelände zugeben, dass nichts an die düsteren Bilder des VEB Synthesewerk Schwarzheide erinnert. Hier blitzt alles, hier liegt kein Schrott. Hier flattern keine Propagandafahnen. Auch die Gerüche haben sich verändert.

Angesichts des allgemeinen Niedergangs arbeitet hier ein hochmodernes, innovatives Unternehmen, das wirtschaftlichen Erfolg, gesellschaftliche Verantwortung und Umweltschutz miteinander verknüpft. Das hebt das oft so niedergeschlagene Brandenburger Gemüt um etliche Zoll. Die BASF-Zukunftsperspektiven sind vergleichsweise rosig, denn die Firma erweitert ihren Geschäftsbereich mit viel Umsicht. Beispielhaft für die neue Linie des Unternehmens, das in Schwarzheide neben Polyurethanen, technischen Kunststoffen, Lacken und Schäumen auch Pflanzenschutzmittel herstellt, ist der Pilzschutz F 500 für die Landwirtschaft. Umfangreiche neue Produktionsanlagen wurden dafür gebaut.

Das Fungizid ist dem Abwehrmechanismus des Kiefernzapfenrüblings – eines unscheinbaren Waldpilzes – nachgebaut, der mit einer natürlichen Abwehrsubstanz namens Strobilium A die Konkurrenz auf Distanz hält, ohne Nichtpilze zu schädigen. F500 kräftigt die behandelten Gewächse und lässt ihre Blätter intensiv grün werden. Jeder Brandenburger Kleingärtner kann da nur sagen: Chapeau! Seit F 500 auf dem Markt ist, wurde es zur führenden Waffe im Kampf gegen Pflanzenschäden durch Pilze, zum Beispiel in Südamerika gegen den Asiatischen Sojarost.

Adresse Schipkauer Straße 1, 01987 Schwarzheide | **Pkw** A 13 Ausfahrt Schwarzheide | **Öffnungszeiten** Betriebsbesichtigung für Gruppen, Anfrage unter Tel. 035752/62740; im BASF Kulturhaus/Galerie finden laufend Ausstellungen statt, geöffnet täglich 12–18 Uhr, Tel. 035752/64113 | **Tipp** Im »Eurospeedway«, auch Lausitzring genannt, geht's immer rund: Auf Brandenburgs heißester Rennstrecke darf man sogar Formel-1-Wagen mal selbst fahren. Info- und Ticket-Hotline: 035754/33733.

82 Die Mikwe in Schwedt

Jüdisches Ritualbad

In der »Halacha«, dem jüdischen Religionsgesetz, wird ausführlich die richtige Lebensführung beschrieben. Regelmäßige Besuche der Mikwe zählen dazu. Vor der Hochzeit wird das Ritualbad aufgesucht, ebenso vor dem Übertritt zum Judentum. Jüdische Frauen gehen nach der Menstruation und der Geburt eines Kindes in die Mikwe, Männer nach dem Kontakt mit Blut oder der Berührung eines Toten.

Das vollständige Untertauchen reinigt den Körper spirituell und stellt die religiöse Reinheit des Gläubigen wieder her. Das Wasser muss aus einer Quelle kommen oder gesammeltes Regenwasser sein. Wie jede Mikwe hat auch das 1871 in Schwedt fertiggestellte Ritualbad einen Warteraum, ein Badezimmer und schließlich den Raum, in dem sich das Becken befindet. Auf den ersten Blick sieht eine Mikwe wie ein kleines Schwimmbassin aus. Ihre ausgefeilte Konstruktion folgt exakten Vorgaben der Halacha.

Würden in Schwedt heute wieder Juden leben und ihre historische Mikwe nutzen, würde eine Mikwe-Frau, die »Balanit«, dort arbeiten. Die Balanit versorgt wartende Mikwebesucher mit einem Getränk, auch mal einem Handtuch oder was sie benötigen. Sie achtet darauf, dass alles nach den Vorschriften der Halacha abläuft. Da beim Untertauchen in der Mikwe nichts den Körper vom lebendigen Wasser trennen darf, wird vorher das Badezimmer aufgesucht und alles Trennende, wie Schmuck, Pflaster, Make-up und dergleichen, vom Körper entfernt. Bei der »Tewila«, dem Untertauchen der Gläubigen, achtet die Balanit darauf, dass der Gläubige vollständig vom Wasser umgeben ist.

Gleichzeitig mit der Tewila wird eine »Bracha«, also ein Segen, gesprochen: »Baruch ata adonai eloheinu melech ha'olam, ascher kidschanu bemizwotaw weziwanu al hatewila« (»Gesegnet seist Du, HaSchem, unser Gott, König des Universums, der uns geheiligt hat durch seine Gebote und uns die Tewila gebietet«).

Adresse Gartenstraße 6, 16303 Schwedt/Oder | **Pkw** A 11 Ausfahrt Joachimsthal, B 198 bis Angermünde, B 2 bis Schwedt | **Öffnungszeiten** April–Sept. Di 10–17, Sa 14–17 Uhr (sonst nach Absprache) | **Tipp** In der ehemaligen Tabakstadt Vierraden zeigt das Tabakmuseum, welche Bedeutung der Tabakanbau in der Uckermark früher hatte. Sogar Pflänzchen sind erhältlich, www.tabakmuseum-vierraden.de.

83__Das Nationalparkhaus

Zeitmaschine auf 2095 gestellt

Bis auf den letzten Platz ist der Vorführraum besetzt. Dann geht das Licht aus. Hibbeligkeit und Aufregung bei den kleinen Zuschauern. Jetzt beginnt mit Musik eine multimediale Zeitreise ins Jahr 2095. Auf dem Rücken eines Seeadlers segeln die Zuschauer durch wild-üppige, quicklebendige Natur. Für die Kinder im Publikum eine Offenbarung: Die Welt wird nicht kaputtgehen. Den Fröschen und den Vögeln und allen Bäumen geht es gut. Was können wir dafür tun? Kinder und Jugendliche sind hingebungsvolle Tierschützer und Naturliebhaber. Schon der Weg zum Nationalparkhaus, der durch herrliche Parkanlagen führt, ist ein Erlebnis. So üppige Wiesen und märchenhafte Bäume wie hier haben viele Stadtkinder vorher nie gesehen.

Im Nationalparkhaus können sie auf Entdeckungsreise gehen oder sich von Mitarbeitern der Naturwacht durch die Ausstellung führen lassen. Jede Frage wird ausführlich beantwortet, und viele Geheimnisse aus der Tier- und Pflanzenwelt werden anschaulich erklärt. Naturschützer jeder Altersgruppe bekommen Tipps für eigene Beobachtungen und lernen, was die Leute von der Naturwacht Brandenburg in ihrem Job alles machen. Das Nationalparkhaus ist Kooperationspartner der Naturwacht Brandenburg, deren Projekte mehrfach von der UNESCO ausgezeichnet wurden. Wer mitmachen will, lernt zu helfen, die Naturschätze Brandenburgs zu entdecken und zu bewahren.

Junge und jung gebliebene Entdecker aus Berlin, Brandenburg und weiter entfernten Bundesländern nehmen jedes Jahr begeistert teil an naturkundlichen Führungen in die Wildnis. Mehr als 70 geführte Erlebnistouren durch Brandenburgs Naturlandschaften bieten das Nationalparkhaus und andere Besucherzentren an. Zur Tour »Alles rund um den Storch« geht es in die Flusslandschaft Elbe-Brandenburg, die »Audienz beim Wachtelkönig« führt in den Nationalpark Unteres Odertal. Lagerfeuer gehören dazu.

Adresse Park 2, 16303 Schwedt/Oder OT Criewen, Tel. 03332/516406, www.nationalpark-unteres-odertal.eu | **Pkw** A 11 Ausfahrt Joachimsthal, B 198 bis Angermünde, B 2 Richtung Schwedt, Abzweig nach Criewen (Nationalparkhaus ausgeschildert) | **Öffnungszeiten** April–Okt. täglich 9–18 Uhr, Nov.–März Fr–So 10–17 Uhr | **Tipp** Die polnische Grenze ist nur 17 Kilometer entfernt, nah genug, um kurz mal zum Tanken zu den Nachbarn zu fahren.

84 Der Bonsaigarten

Japan finden in Brandenburg

Auf seiner Studienreise ins Land des Lächelns hat ihn die Begeisterung für Japans Gartenkunst gepackt und nie mehr losgelassen, erzählt Tilo Gragert. In Ferch hat der Gartenbaukünstler eine vollkommene Oase japanischer Schönheit zum Leben erweckt, die jedes Jahr schöner wird. Während im Frühjahr Azaleen in leuchtenden Farben blühen, taucht zum Herbst das Laub der Ahornbäume den perfekt gepflegten Zengarten in strahlendes Rot. Ein Rundweg führt an stillen Teichanlagen vorbei zum japanischen Pavillon. Im Vorbeigehen kommt man an Bonsaibäumchen vorbei, von denen einige 180 Jahre alt sind.

Oft kommen Kindergruppen. Kleine Menschen mögen den Garten mit den winzigen Bäumchen. Es ist ein Spaziergang durch eine neue Welt. Man bekommt eine Ahnung davon, wie viel Weisheit hinter der Gartenkunst Japans steckt. Die Harmonie überträgt sich spürbar, und der Aufenthalt im Garten wird zur Meditation, weckt die Sinne und sensibilisiert den Blick. Auf flachen kreisrunden Steinen spazieren die Besucher über den Koi-Teich. Manchmal sind die Goldkarpfen nicht zu sehen. Am frühen Vormittag halten sie sich tiefer im Wasser auf. So lange, bis der Reiher, der morgens seine Runde dreht, weitergeflogen ist.

Zum japanischen Bonsaigarten gehört ein Teehaus. Ausgeschenkt und verkauft werden erlesene Teesorten aus den besten Anbaugebieten der Welt. Bonsaischalen sowie Werkzeug und Zubehör zur Pflege der Miniaturbäume werden angeboten. Wer einen Bonsai kaufen möchte oder mehr über deren Pflege wissen will, kann sich gern an den Inhaber wenden. Tilo Gragert bietet Seminare an, in denen die Teilnehmer vieles über die Geheimnisse der Bonsaizucht erfahren. Auch Pro 7 hat schon im japanischen Garten einen Film über Bonsai gedreht. Und der rbb zählt den Bonsaigarten, der bereits für den brandenburgischen Tourismuspreis nominiert wurde, zu den 30 schönsten Ausflugszielen von Brandenburg.

Adresse Fercher Straße 61, 14548 Schwielowsee OT Ferch, Tel. 033209/72161 und 208904, www.bonsai-haus.de | Pkw Berliner Ring (A 10) Ausfahrt Ferch | Öffnungszeiten April–Okt. Di–So, feiertags 10–18 Uhr | Tipp Den Schwielowsee kann man zu Fuß erreichen. Wandert man immer am Ufer entlang, kommt man zu Albert Einsteins ehemaligem Sommerhaus in Caputh.

85__Das Amphitheater

Strand und Spiele

Unter funkelnden Sternen und dem samtblauen Himmel einer Sommernacht spielt das Ensemble der Neuen Bühne vor restlos ausverkauftem Haus. Vieles wird heutzutage als großes Ereignis angepriesen – ein Abend im Amphitheater Senftenberg aber ist ein unvergessliches Erlebnis. Man bedenke: sitzen wie in der Antike! Das Freilufttheater gehört zu Senftenbergs Theater »Neue Bühne«, das bereits 1946 gegründet wurde. Damals begann die Geschichte des Hauses in einer Turnhalle, später gingen aus der Neuen Bühne Schauspieler und Regisseure hervor, die an Berliner Theatern und beim Film berühmt wurden.

Romantisch am See gelegen, ist das »Amphi« gleichzeitig von Wildnisatmosphäre umgeben. Regenschauer sind kein Problem mehr. Zum zehnjährigen Jubiläum bekam das Freilufttheater ein Segeldach mit Schwebekonstruktion, das die Zuschauer vor Hitze und Regen schützt und für Beleuchtung und Akustik gänzlich neue Möglichkeiten mit sich brachte. Eine hervorragende Akustik bis in die obersten Ränge, die 17 mal 30 Meter große Arena sowie der Balkon über der Bühne als zusätzliche Spielebene sind bestens geeignet für Sprech- und Musiktheater sowie Shows und Kinderveranstaltungen.

Alle 600 Plätze haben freie Sicht auf die Bühne, und nicht nur damit begeistert das Amphitheater schon die kleinsten Zuschauer. Die Vorstellungen sind für die ganze Familie ein tolles Erlebnis. Scheinbar mühelos vereint der Spielplan Saison für Saison Stücke unterschiedlichsten Anspruchs. Ob Musical, Revue oder Kabarett – mit jeder Inszenierung überzeugt das »Amphi« und wurde 2005 zur Bühne des Jahres gekürt. Falls die Anfahrt zu lang erscheint, lässt sich der Besuch des Amphitheaters mit einem verlängerten Wochenende oder einem Kurzurlaub verbinden. Direkt am Senftenberger See lädt der Familienpark, der über einen eigenen Sandstrand verfügt, das ganze Jahr hindurch Urlaubsgäste ein.

Adresse Dorfplatz, 01968 Senftenberg OT Großkoschen, Tel. 03573 / 801-0, www.theater-senftenberg.de | **Pkw** A 13 Ausfahrt Ruhland, B 169 nach Senftenberg | **Tipp** Wenn man sich eines der schönsten »festen« Theatergebäude Brandenburgs nicht entgehen lassen möchte, sollte man unbedingt auch das Staatstheater Cottbus in Augenschein nehmen, www.staatstheater-cottbus.de.

86 Die Filmtierschule

Bei den Kollegen von Fury, Flipper und Lassie

Stecken Sie Ihre Brieftasche immer in die hintere Hosentasche? Vorsicht, es dauert nur zwei Sekunden, und Korax fliegt damit weg. Dabei macht der Rabe sich überhaupt nichts aus Geld – Korax stiehlt nur, um zur Belohnung ein Leckerli zu kriegen. So kommt man als Rabe ins Filmgeschäft. Hunde dagegen müssen vor der Kamera schon richtig schauspielern können. Border Collie Wallace läuft drehbuchgemäß zum Grab seines toten Herrchens, wirft sich schmerzerfüllt auf die Erde und fiept jämmerlich vor Kummer. Es geht einem ans Herz. »Dabei wartet er nur auf sein Leckerli«, schmunzelt Filmtiertrainer Gerhard Harsch.

Im Garten brüllt ein Löwe. Läuft da ein Casting für das Remake von »Jenseits von Afrika«? Nein, Löwe Zulu wollte nur mal »Hallo« sagen. Anfangs hat die Nachbarn das Gebrüll genervt, heute sorgen sie sich, ob Zulu was fehlt, wenn sie ihn mal nicht hören. »Wenn man die Freundschaft eines Löwen gewonnen hat, kann man sich ein Leben lang drauf verlassen«, sagt Herr Harsch. »Ein Tier unsanft zu behandeln, lehnen wir ab. Tiere müssen im Film tiergerecht dargestellt werden. Sie sind unsere Mitgeschöpfe, die respektvoll behandelt werden.« Besteht Verletzungsgefahr für eins ihrer Tiere, lehnen die Harschs den Auftrag ab.

Das Vertrauen ihrer Tiere zu gewinnen, ist am wichtigsten. Erst dann beginnt das eigentliche Filmtraining. Manchmal dauert es länger, doch die Geduld wird belohnt. Nach anfänglicher Höhenangst läuft Filmschwein Normi die kleine Treppe zum Bauwagen so lässig rauf und runter, dass es die Rolle des Fernsehschweins in der TV-Serie »Löwenzahn« bekommt.

Etwa 200 Tiere gehören zur Filmtierschule. Manchmal stehen die Schulleiter selbst vor der Kamera. Wenn im Drehbuch steht, dass der Filmstar die Raubkatze streichelt, als wäre sie ein Schmusekätzchen, doubeln Astrid Karsch und ihr Mann die Schauspieler. Sicher ist sicher.

Adresse Hauptstraße 2, 16845 Sieversdorf-Hohenofen OT Sieversdorf, Tel. 033970/50828, www.filmtierschule-harsch.de | **Pkw** A5 bis Bückwitz, B102 über Neustadt (Dosse) nach Sieversdorf | **Öffnungszeiten** Ostersonntag–Okt. So 13.30 Uhr, in den Sommerferien zusätzlich Do 14 Uhr; Pema Reisen bietet regelmäßig geführte Fahrten in die Filmtierschule an, www.bustreff.de/145123 | **Tipp** Im Kolonistenhof Großderschau wird (neben viel altem Handwerk) in der »Butterakademie« gezeigt, wie man Butter macht, www.grossderschau.de.

87__Das U 96

Ahoi, Herr Kaleu!

Das kleine Skandalboot hat Berlin verlassen. In der Hauptstadt fühlte sich zwar keiner von dem verblüffend echt aussehenden Hingucker provoziert, ganz im Gegenteil, aber die Politiker waren empört. Ein klares Nein erteilte der amtierende Bürgermeister dem Touristen-Gag. Der Bauherr der kleinen U 96 soll noch gekontert haben: »Ich kann's ja rosa anmalen lassen!«, dann war Schluss. Nun schaukelt der zehn Tonnen schwere, zwölf Meter lange Nachbau des berühmten Kriegs-U-Boots aus dem Zweiten Weltkrieg im Yachthafen Stechow-Ferchesar. Mit Kapitänleutnant Jürgen Prochnow und Herbert Grönemeyer an Bord wurde »Das Boot« 1981 zum Welterfolg. Als spritzige Verballhornung von Krieg und Kriegsschiff kam, mit Atze Schröder in der Hauptrolle, 2008 der Film »U 900« ins Kino. Der Wiedererkennungswert des kleinen U 96 mitsamt Haifisch und Eisernem Kreuz liegt also bei schätzungsweise 100 Prozent.

Gebaut wurde das Boot in Cuxhaven und Kiel, allein den Materialwert schätzt der Berliner Bauherr auf etwa 250.000 Euro. Er fand die Idee klasse, die Leute sollten mit dem Boot Spaß haben, nie hätte er so viel Geld in Werbung für den Krieg investiert. Vielleicht war das ein bisschen leichtgläubig. Aber schließlich nahm die Sache doch noch ein gutes Ende.

Winfried Rall, Pilot und über 20 Jahre Betreiber der Flugschule Rall in Stechow, schlug einen Tausch vor: U-Boot gegen Flugzeug. Flieger-Familie Rall stach in See. »Es ist einfach irre, wie sie gucken! Die meisten finden das Boot toll, weil es so echt aussieht. Alle winken uns zu, wenn wir damit rumfahren«, erzählt die Tochter begeistert. Das Mini-U-Boot kann zwar nicht tauchen, aber seine beiden Tanks können geflutet werden, bis es sinkt und nur noch der Turm aus dem Wasser schaut. In Zukunft wird das Boot für Touren vermietet. An Bord gibt's vollen Komfort, inklusive gemütlicher Kajüte mit Doppel-Schlafkoje.

Adresse 14715 Stechow-Ferchesar OT Ferchesar | Pkw B 5 bis Briesen, B 188 Richtung Rathenow, in Stechow rechts ab nach Ferchesar, U 96 liegt im kleinen Yachthafen am Hohennauener Ferchesarer See | Öffnungszeiten Anfragen an Winfried Rall, Tel. 0172/9673042 | Tipp Zu Fuß oder übers Wasser erreicht man die »Fischerhütte« in Semlin am See, wo es frisch gefangenen Fisch direkt auf den Teller gibt.

88 Die Flugschule Rall

Ultraleicht und ultrastark

Lächelnd überfliegt die charmanteste Pilotin Brandenburgs im Ultraleichtflugzeug eine Waldschneise, die wie ein riesengroßes Herz geformt ist. Heiratsanträge in 1.000 Fuß Höhe ist sie gewohnt. Für romantische Momente im XXL-Format finden manche Männer den Himmel über Brandenburg einfach ideal. Einer habe mal mit riesigen Buchstaben aus weißen Bettlaken die Worte »Verzeih mir« auf ein Feld beim Flugplatz geschrieben und für sich und seine Freundin einen Rundflug gebucht, erzählt Fliegerin Rall verschmitzt.

Die Leitung der Flugschule hat sie als Nachfolgerin ihres Vaters übernommen. Ihre halbe Kindheit hat sie, sorgfältig angeschnallt, in Papas diversen Flugzeugen verbracht. Dem leidenschaftlichen Flieger stand der Sinn nie nach Alltäglichem. Wenn seine Frau zur Arbeit war und er die Kinder hatte, nahm er seine Kleinen mit in die Luft. »Ihr würdet mir mehr nützen, wenn ihr fliegen könntet«, erklärte er ihnen. Das prägt.

Ein kleiner Rundflug dauert 20 Minuten. Einfach mal starten, abheben und fliegen. Es macht den Kopf leicht, die Welt von oben zu sehen. Bei klarem Wetter sieht man den Fernsehturm auf dem rund 70 Kilometer entfernten Alexanderplatz. Viele erfüllen sich in der Flugschule Rall den Traum vom Fliegen. Der Pilotschein für Ultraleichtflugzeuge kostet weniger, als man denkt, und zieht Flugschüler ab 16 Jahren aus ganz Deutschland zur Sportpiloten-Lizenz nach Stechow.

Die Flugausbildung kann man bei Ralls mit einem Urlaub im Havelland verbinden. Neben dem Rollfeld ist Platz für Wohnmobile, oder man mietet sich im Haus der Familie ein Zimmer mit Dusche. Eine andere Möglichkeit sind die urigen Bauwagen, die Janina Rall selbst ausgebaut hat. Fahrräder, Motorroller und Boote für ihre Feriengäste verleiht und vermietet sie auch. Dazu gibt es eine Sauna und Fitnessräume und jeden Tag die nette, unkomplizierte Herzlichkeit der Fliegerfamilie.

Adresse 14715 Stechow-Ferchesar OT Stechow, Tel. 0152/54224070, www.flugschule-rall.de | Pkw B 5 bis Briesen, B 188 Richtung Rathenow, der Flugplatz liegt neben der Straße nach Rhinsmühlen | Öffnungszeiten Terminabsprache für Rundflüge bitte eine Woche vor dem Wunschtermin | Tipp In Kotzen – Rhinsmühlen steht Hannas zauberhafte »Waldgaststätte«.

89__Die Brennerei Sellendorf

Steinreicher Traditionsbetrieb

Korn kann nur Deutschland. Champagner muss aus Reben der Champagne gekeltert sein. Als echter Cognac zählt nur, was aus Weißweinen der Anbaugebiete Cognacs gebrannt wurde. Korn oder Kornbrand (je nach Alkoholgehalt) muss aus Deutschland sein. Unbestritten ist das thüringische Nordhausen die Wiege des »gebrannten Wassers«, wie man den Kornbrand dort 1507 erstmals schriftlich bezeichnete.

Korn aus Sellendorf ist ein klarer Anlass für einen unvergesslichen Ausflug in den Spreewald. Zur Gemeinde Steinreich (niedersorbisch Wjeliki Šenkojce) im Landkreis Dahme-Spreewald gehört der ruhige, ländliche Ortsteil Sellendorf. Hier steht die alte Gutsbrennerei, deren Anlagen auf dem neuesten technischen Stand sind. Besucher sind herzlich willkommen, zu gucken und zu kosten. Die Brennerei Sellendorf ist ein brandenburgisches Traditionsunternehmen. Bereits 1780 erhielt sie von Preußen das Brennrecht, ursprünglich als preußische Kartoffelbrennerei. Die gebrannten Getreidesorten stammen sämtlich aus eigener Ernte. Mit größter Sorgfalt und Sachkenntnis halten die Eigentümer die historischen Gebäude bis heute instand.

Längst wird mit modernsten Anlagen gebrannt, aber die alten Kupferkessel stehen noch im Gastraum. In Sellendorf werden bevorzugt Kornbrände aus Weizen nach traditionellen Hausrezepten hergestellt. Der Geheimtipp ist das »Sellendorfer Früchtchen« mit respektablen 60 Volumenprozent. »Sellendorfer Weizenkorn«, »Sellendorfer Kräuterlikör« und das »Spreewälder Gurkenwasser – die Partygurke mit Kick« (im Original-Gurkeneimerchen) sind ebenfalls absolut empfehlenswert. Zum Schluss noch der Unterschied zwischen Korn und Kornbrand: Ab 32 Volumenprozent spricht man von Korn, ab 37,5 Volumenprozent von Kornbrand, und nach allem, was da drüber liegt, kann man sowieso nicht mehr sprechen.

Adresse Dorfstraße 29, 15938 Steinreich OT Sellendorf, Tel. 035452/647, www.brennerei-sellendorf.de | **Pkw** A 13 Ausfahrt Staakow, über Golßen, Altgolßen nach Sellendorf | **Öffnungszeiten** Betriebsbesichtigungen und Verkostungen jederzeit nach Absprache | **Tipp** Hinter Sellendorf und dem zwei Kilometer entfernten Hohendorf beginnt die Wacholderschlucht, seit 1938 Naturschutzgebiet und ertragreiches Sammelgebiet für Ginfreunde.

90 Der Irrgarten Irrlandia

Raus aus dem Spreepark, rein in den Spraypark

Was für ein Glück für Kinder, dass es Große gibt, die nie erwachsen werden. Im Kinder- und Jugendverein LOLLYPOP fing die Begeisterung für Kinderfreizeiten mit Seifenkistenrennen und Kistenklettern an. Dann kam die erste Badewannenregatta. Die Fans waren begeistert. Noch mehr Action gab es 1999 beim 1. Brandenburgischen Strohfestival, wo ganz nebenbei das Guinnessbuch der Rekorde gestürmt wurde. Aber erst mit dem Maislabyrinth gab's den ultimativen Kracher. Es war die Geburtsstunde des Namens »Irrlandia«, als die LOLLYPOP-Crew in Neu Boston ein 30.000 Quadratmeter großes Maisfeld mit 2,5 Kilometer langen Schneisen durchzog. Reinrennen und sich total verirren, aber nie verloren gehen. Pädagogisch wertvoll und dazu ein Riesenspaß.

Inzwischen ist die Anlage fünf Hektar groß und bietet mehr als 50 Stationen zum Toben und Klettern, Matschen und Bauen an. Für einen unvergesslich schönen Tag stehen eine Schiffsschaukel, eine gigantisch dicke Hopseburg und eine Rollenrutsche bereit. Wer am Boden bleiben will, wird die Riesen-Seifenblaserei toll finden oder zum Goldschürfen gehen. Hunger? Die Stockkuchenbäckerei macht Selbstversorgung zum Vergnügen.

Für Überraschungen ist gesorgt, und Jahr für Jahr kommen neue Ideen dazu. Die allerneueste Attraktion ist der »Spraypark«. Auf einer sieben mal zehn Meter großen Fläche ist für Wasserbombenfans und Gartenschlauchbanditen ein sagenhaftes Eldorado entstanden. Unter einer dicken Gummischicht, damit keiner sich wehtut, werden Wasserdüsen montiert. Die spritzen das geliebte Nass pausenlos durch 15 verschiedene Spritzelemente und einen Wassertunnel. Zwei Wasserkanonen gibt es, an denen immer zwei Kinder kurbeln müssen, damit von den anderen keiner trocken bleibt. Wenn alle Spielplätze und alle Freibäder längst langweilig geworden sind und der Sommer doch gerade erst begonnen hat: Rein ins Auto und auf nach Irrlandia!

Adresse Lebbiner Straße 1, 15859 Storkow (Mark) OT Neu Boston, Tel. 033678/41732, 0151/10785433, www.irrlandia.de | **Pkw** A 12 Ausfahrt Storkow | **Öffnungszeiten** Mitte Mai–Anfang Okt. täglich 10–18 Uhr | **Tipp** Der Waldpark der alten Fasanerie ist eine schöne ruhige Alternative für gestresste Eltern. Ein Spaziergang durchs frühere Kolonistendorf Philadelphia bietet sich an, das wie Neu Boston einen Hauch von Amerika ausströmt.

91 Der Byttnahain

Wo die heiligen Schweine wühlten

Südlich von Straupitz stehen alte Eichen in einem wild-verwachsenen Wald. Sagen und Mythen ranken sich darum, und »heilig« wird der Wald genannt, der auch einen geheimnisvollen Namen bekam: Byttnawald. Und weil »Wald« so profan klingt, wurde ein Byttnahain daraus, den man über den »Heiligen Weg« erreicht.

Sicher, in einer von Slawen geprägten Kulturlandschaft, wo die Spree »Sprjewja« heißt und die nächtsgelegenen Ortschaften auf die schönen Namen »Byhlen« und »Byhlegure« hören, da klingt »Byttna«, oder noch besser »Bytthna«, schon sehr gut. Leider weiß keiner, wer oder was »Byttna« war. Der Indogermane schwang höchstens einmal das »bitlō« (Beil), aber den Byttnahain hat er stehen lassen. Eine slawische Wald-Göttin Byttna wäre hilfreich, aber selbst der Elb-Slawengott Triglav mit seinen drei Gehirnen kann sich an keine solche Verwandte erinnern.

Die Volkskundler und Historiker vermuten, dass in »Byttna« oder »Bytthna« das althochdeutsche Wort »bihuoten« steckt, was so viel wie »behüten« heißt und auf einen alten Hutewald hinweist. Die uralten Eichen passen zu dieser Deutung. Waldhütungen gab es bis ins letzte Jahrhundert noch sehr häufig, vor allem in Gegenden, wo gerodetes Weideland rar war. 400 bis 500 Jahre alt sind die Eichen – daher können sie kaum von den Slawen herstammen oder gar von der eisen- bis bronzezeitlichen Lausitzer Kultur (was auch vermutet wurde), denn bei aller Liebe zur Langlebigkeit von Eichen: 2.500- bis 3.300-jährige Eichen gibt es nur als Moorleichen.

Der Wert eines Waldes bemaß sich lange an der Zahl der Tiere – Kühe, Schafe, Ziegen, Schweine –, die man in ihn treiben konnte. Ist nicht das Schweinetreiben auch eine kultische Handlung? Im späten 19. Jahrhundert wurden einige der uralten Eichen nach Familienmitgliedern der Houwalds benannt, die in Straupitz das Sagen hatten. Eine trägt Kaiser Wilhelms Namen. Die Schweine dagegen blieben namenlos.

Adresse 15913 Straupitz | **Pkw** A 15 Ausfahrt Vetschau, über Suschow, Müschen, Burg, und Byhlegure nach Straupitz; der »Heilige Weg« zum Byttnahain ist ausgeschildert | **Tipp** In Burg kann man den uralten Burgwall ersteigen oder sich mit einem geliehenen Paddelboot in den Spreewaldkanälen verirren.

92 Das Wettermuseum

Aktuelle Forschung für Kinder

Lindenberg ist eine meteorologische Forschungsstation. Das Wettermuseum stellt beeindruckende Messgeräte vergangener Jahrhunderte aus. Aber das eigentliche Anliegen der Betreiber geht weit darüber hinaus. In Zusammenarbeit mit dem Observatorium, das ganz in der Nähe liegt, soll im Wettermuseum Kindern und Jugendlichen moderne Klimaforschung vermittelt werden. Zum Beispiel durch Forschungstage für Schüler zum Thema alternative Energien. Da werden Windmessgeräte gebaut, die richtig funktionieren. Oder die junge Forschergeneration baut sich eigene Solarboote, die mit einer kleinen Solarzelle betrieben werden und in einer Regatta um die Wette fahren.

Das Wetter geht alle an und interessiert jeden. Kitagruppen laufen begeistert durch die denkmalgeschützte, riesige Ballonhalle und bewundern die großen Drachen. Es sind Messdrachen, die da wie Kunstwerke von der Decke hängen. Den Lindenberger Schirmdrachen hat Hermann Schreck 1910 zur Erforschung der Atmosphäre entwickelt. Am 1. August 1919 flog der Drachen 9.740 Meter hoch und stellte damit den Weltrekord auf, der bis heute gilt. An stürmischen Tagen pfeift der Wind durch die Ritzen in der Wand. Dann fliegen die großen Drachen wie von Geisterhand bewegt durch die Ballonhalle.

Zum Thema »Wetter und Wetterforschung in Lindenberg« wird Kindern und Eltern erklärt, wie die Wettervorhersage im Fernsehen gemacht wird und wie man selbst das kommende Wetter an der Form der Wolken erkennen kann. Auch die Ursachen und Folgen des Klimawandels werden anschaulich vermittelt. Dabei können Kinder, Eltern und Lehrer Fragen zum Ozonloch, der Erderwärmung und der Zukunft unseres Planeten stellen. Die Wetterexperten in Lindenberg möchten einen Beitrag zur Umwelterziehung leisten und erklären anschaulich die neuesten Erkenntnisse der Klimaforschung und welche Lösungen für die Klimaprobleme es heute gibt.

Adresse Herzberger Straße 21, 15848 Tauche OT Lindenberg, Tel. 033677/62521, www.wettermuseum.de | **Pkw** A 12 Ausfahrt Fürstenwalde-West, über Bad Saarow-Pieskow nach Lindenberg | **Öffnungszeiten** April–Okt. So–Do 10–16 Uhr, Nov.–März Mo–Do 10–16 Uhr | **Tipp** Das meteorologische Richard-Aßmann-Observatorium in Lindenberg, Am Observatorium 5, kann auch besucht werden. Hierzu beim Deutschen Wetterdienst in Offenbach einen Besuch vereinbaren, Tel. 069/8062-0.

93__Die Draisine

Vorwärts immer, rückwärts nimmer!

»Draisine« heißt das Zauberwort. »Drai« wie die Drei in 1813 und »sine« wie »sine« in Apfelsine. Der Freiherr von Drais hat sich diesen muskelkraftbetriebenen »Gleiskraftwagen« ausgedacht, und wer einmal mit dem echten, urtümlichen Hebelfahrzeug auf der Südroute der Erlebnisbahn im Fläming unterwegs war, weiß auch, warum es »Kraftwagen« heißt.

Auf der Nordroute in der Uckermark, zwischen Fürstenberg und Hohenlychen oder zwischen Templin und Hohenlychen, ginge das nicht. »Damit würden Sie nicht über unsere Berge kommen!«, erklärt der freundliche Herr im Templiner Draisinenbahnhof, während er mit Hebelkraft eine gerade eingelaufene Draisine wendet, nachdem sich die zufriedenen Fahrgäste fröhlich ermattet, aber keineswegs keuchend verabschiedet haben. Die Geräte waren reich bepackt mit zahlenden Freunden und Verwandten sowie Koffern voller Proviant.

Wer glaubt, das sei alles zu schwierig, dem darf man getrost gut zureden. Das eingebaute Navi ist aus Walzstahl, etwa 12,5 Kilometer lang und liegt in doppelter Ausführung parallel am Boden. Und zur Fahrtunterbrechung hebt man den Wagen einfach vom Gleis und badet, picknickt oder beobachtet Kirchen, Kühe beziehungsweise Seeadler. Vom an Markttagen quirligen Städtchen Templin, der (flächenmäßig) achtgrößten Stadt Deutschlands, in der Angela Merkel lange lebte, geht es über Neu- und Alt-Placht, den Platkowsee, Tangersdorf, Sängerslust zur Wendestation Hohenlychen. »Gute Luft, Natur pur!«, meint der Reiseberater. »Außerdem ist es gut für die Gesundheit.« Pünktlich um 14 Uhr ist dann, egal wo, »Wende« angesagt. Alle Draisinen rollen wieder den Start- und Zielstationen zu. Wer es dann noch nicht bis Hohenlychen geschafft hat, kann es beim nächsten Mal versuchen. Vom »Bahnhof« Fürstenberg sind es fünf Kilometer weniger. Rückwärtsfahren geht übrigens – wie beim normalen Fahrrad – nicht.

Adresse Zehdenicker Straße 30, 17268 Templin | Pkw B 96 von Berlin bis Löwenberg, B 167 Richtung Eberswalde, nach Liebenberg B 109 bis Templin | Öffnungszeiten Ostern – Okt. Abfahrt täglich 9 – 12 Uhr | Tipp Die vollständige Templiner Stadtmauer ist eine Rarität. Sie hat drei Tore und enthält ein Museum.

94 Der Landsitz Görings

Meiers Luftschloss

»Wenn auch nur ein feindliches Flugzeug unser Reichsgebiet überfliegt, will ich Meier heißen!«, hat Hermann Göring einmal in einer Rundfunkrede gesagt. Nazideutschlands dickster Bonze und schwerster Schädling zog sich nach seinem Hauptverbrechen – Reinhold Heidrich den Befehl zum organisierten Massenmord zu geben – 1942 fast ganz von der Nazibühne zurück. In seinem Lieblingsjagdgebiet Schorfheide, wo er als »Reichsjägermeister« erfolglos Rentiere, Elche, Büffel und Wisente anzusiedeln versuchte, baute er sich ein gigantisch wucherndes »Museum« für geraubte Kunstschätze. Verklärend nannte er es »Carinhall« – nach seiner verstorbenen ersten Ehefrau Carin, der er auch eine Gruft am Wuckersee vis-à-vis errichtete.

Im nahen Haus für seine Gäste verschworen sich Hitler, Mussolini und Matsuoka Yōsuke zum Dreimächtepakt. Später, als die »Achse« gebrochen und die Räder der Geschichte längst in unterschiedliche Richtungen weitergerollt waren, sonnte sich dort die SED-Führung. Hier machten die Herren Urlaub vom schweren Staatsgeschäft oder konferierten mit Staatsgästen bei hochgeistigen Getränken im modernen Konferenzraum. »Spitzbart« Walter Ulbricht ist am Großdöllner See gestorben.

Heute ist das umgewidmete Gästehaus ein Luxushotel, in dem die Geschichte so totgeschwiegen wird, dass es einen graut. Seltsam auch, dass sich keiner an Carinhall erinnern will, während das Finanzministerium der BRD stolz in Görings Reichsluftfahrtministerium residiert. Wer die spärlichen Reste des gebauten Spuks Carinhall sehen will, sollte zuvor ein Modell im Schloss Groß Schönebeck betrachten, um später nicht einfach bloß im Wald zu stehen. Zwei Torhäuser gibt es noch, die zur letzten Ausbaustufe des Riesenbaus gehörten, und eine Zufahrt, die zigtausendmal so lang ist, wie der Göring dick war. Nazis hin, Nazis her: Zum Baden sind die beiden glasklaren Seen ein echter Geheimtipp.

Adresse 17268 Templin OT Groß Dölln | **Pkw** B 109 von Berlin, bis Zerpenschleuse, über Groß Schönebeck bis Klein Dölln, schmale Einfahrt am Forsthaus, dem Waldweg circa zwei Kilometer folgen, so schlecht sein Zustand auch wird – bis zu den erhaltenen Torhäusern | **Tipp** Der Buchenwald von Grumsin zwischen Neugriemnitz und Altkünkendorf ist inzwischen Weltkulturerbe, www.schorfheide-chorin.de.

95 Die Hans-Clauert-Stadt

Nach der Schule am Clauert-Brunnen

Natürlich wissen die Kinder, wer der Mann am Brunnen ist. »Der heißt Hans Clauert! Der hat alle Leute überlistet!« Klingt stolz und zufrieden. So einen haben sie gern. Die kleine Clauert-Statue sieht selbst wie ein Kind aus. Der Possenreißer steht in der Schule auf dem Lehrplan und ist ganz offensichtlich beliebt. Seine Geschichten sind schön zu lesen, vor allem, weil die Großen da immer eins auf den Deckel kriegen.

Zum Beispiel, als Kurfürst Joachim II. von Brandenburg dem Rat von Trebbin ankündigte, er wolle den zur Stadt gehörenden Waldbestand neu vermessen. Da gingen Clauert und die anderen Ratsmitglieder nach Neuendorf, wo der Kurfürst auf sie wartete. Zwischendurch legten sie eine kleine Pause ein. Im Neuendorfer Krug tranken sie ein Gläschen, spielten Dame und kamen prompt zu spät. Als Strafe für ihre Säumigkeit nahm der Kurfürst ihnen ihren gesamten Forst ab. Clauert fragte, ob der Herr ihnen nicht so viel Wald lassen wolle, wie sich mit einer Handvoll Hanf umspinnen lasse? Griff in den Hanfsack und presste einen fetten Ballen zwischen die Finger. Der wurde so lang gesponnen, dass die Trebbiner am Ende mehr Wald hatten als vorher. Danach nahmen sie das Damebrett aus dem Neuendorfer Krug in ihr Stadtwappen auf.

Das Leben des Possenreißers fällt in die Zeit des großen deutschen Bauernkrieges und der Reformation. Hans Clauert wurde 1506 in Trebbin geboren, 200 Jahre nach seinem niedersächsischen Kollegen Till Eulenspiegel. Den Reichen und Mächtigen, wie Kurfürst Joachim oder dem Hauptmann von Zossen und Trebbin, hat er manchen Streich gespielt. Obwohl er nicht lesen konnte, wurde er Ratsmitglied des Stadtrates von Trebbin.

Der Clauert-Rundgang führt zu St. Annenkapelle, Ratskeller, Burggelände und anderen Stationen aus dem Leben des Schalks. Dazu erzählen die Leute vom Heimatverein, was Clauert sich alles an Späßen geleistet hat.

Adresse Am Marktplatz, 14959 Trebbin | **Pkw** B 101 bis zur Kreuzung mit B 246 nach Trebbin | **Tipp** Der Heimatverein bietet vergnügliche Führungen auf dem Clauert-Rundweg. Terminvereinbarung Tel. 033731/10888 und 10157.

96 Die Schnapsorgel

Tanne ist alle

Anschaulich weiht der Mühlenwirt seine staunende Gästeschar in ein Geheimnis ein – ins Geheimnis der Liebeskraft heimischer Nadelhölzer. Mit ausgestrecktem Arm versinnbildlicht Heinz Koebe einen Fichtenzweig. Die Finger des Wirts sollen die Zapfen darstellen, und nun gut aufgepasst! »Bei Fichte und Lärche hängen die Zapfen einfach runter. Doch ganz anders sieht die Sache bei der Tanne aus!« Mit leuchtenden Augen demonstriert der Wirt – buchstäblich im Handumdrehen – die aufrecht himmelwärts gereckten Zapfen der brandenburgischen Tanne. Aaah, ja. Na! Nun, das erklärt natürlich die ungeheure Nachfrage nach Koebes harzigem Aphrodisiakum Tannenschnaps, für das Kenner aus ganz Brandenburg ins kleine Dorf Triglitz fahren.

In der Wassermühle aus dem Jahr 1704 wird jeder Heilkräuterschnaps nach Hausrezept angesetzt. Bei Koebes moderaten Preisen kann man guten Gewissens mehrere Geschmacksrichtungen ausprobieren. 20 segnende Sorten fördern Gesundheit und Wohlbefinden, sehr beliebt sind Salbeischnaps, der rubinrot funkelnde Johanniskrautschnaps und die Kräutermischung »Kümmernitz Wasser«. Als Mitbringsel werden einige der delikaten Sorten in kleinen Fläschchen angeboten.

Zur Hausmannskost der Mühlenküche passt das nach Pilsener Art hausgebraute Bier von Heinz Koebe. Sein süffiges »Mühlenbräu« wird mit eigenem Brunnenwasser gebraut und enthält nur Zutaten aus biologischem Anbau. Selten, dass es bei einem Glas bleibt. Getafelt wird unter uralten Deckenbalken oder im Bauerngarten, der romantisch am Flüsschen Kümmernitz liegt. In der behaglichen alten Mühle, die Koebes 1999 aufwendig restaurierten, stehen Übernachtungsgästen drei Doppelzimmer zur Verfügung. Um den Besuch zum Wellnessurlaub abzurunden, haben Heinz und Petra Koebe im frei stehenden, blitzsauberen Schweineställchen sogar eine Sauna für ihre Hausgäste eingebaut.

Adresse Zur Wassermühle 1, 16949 Triglitz | Pkw A 24 Ausfahrt Putlitz, über Putlitz nach Triglitz | Öffnungszeiten 1. und letztes Wochenende im Monat, Mai–Sept./Okt. 7–22 Uhr | Tipp Im ehemaligen Pfarrhaus in Mansfeld wurde der Lyriker Gottfried Benn geboren – Dauerausstellung im alten Kirchturm; Schlüssel im Dorf erhältlich (Aushang am Eingang beachten).

97 Das Denkmal der Bodenreform

Junkernland in Bauernhand

Kurz und simpel gereimt, damit's schön jeder nachplappert. Die herabwürdigend gemeinte Bezeichnung »Junker« bezeichnet ostelbische Adlige, die im Zuge der sogenannten Bodenreform der sowjetisch besetzten Zone (SBZ) enteignet und – sofern ihr Grundbesitz größer als 100 Hektar war – vertrieben wurden. Dabei entfremdeten die Sozialisten den Begriff der »Reform« schon 1945/46 mit derselben Absicht wie die Bundesregierung der Nachwendezeit: als Euphemismus für undemokratisch durchgedrückte Bereicherung.

Für den brandenburgischen Landadel stellten die Einkünfte aus der Landwirtschaft die größte Einnahme dar. Im Zuge der Bodenreform wurden die »Junker« enteignet, je größer ihr Grundeigentum, desto radikaler. Wer über 100 Hektar Land besaß, verlor nicht nur seine Ländereien an den Arbeiter- und Bauernstaat, sondern selbst Haus, Vermögen und Mobiliar. Zwangsenteignet und geplündert wurden die entrechteten Großgrundbesitzer ausgewiesen und vertrieben. Zwar hat nach der Wiedervereinigung das Leipziger Bundesverwaltungsgericht ihr Leid als Verfolgungsunrecht anerkannt. Ihre Ansprüche auf ihren ehemaligen Besitz haben sie trotzdem bis heute verloren, was bereits direkt nach der Wende ausdrücklich in den Verträgen zur Wiedervereinigung festgelegt wurde.

Dabei ist es eine Adelsfamilie, der Wolfshagen seine Einmaligkeit als Kulturdenkmal verdankt. Etliche inzwischen denkmalgeschützte und ausgesprochen schöne Gebäude ließ Familie von Schwerin hier errichten. Wenn allerdings Erben der vertriebenen Großgrundbesitzer darum bitten, das großtönend sozialistische Denkmal der Bodenreform im Gedenken an die Opfer zu reformieren und an die Vertriebenen zu erinnern, wird das geflissentlich überhört. Das Denkmal war übrigens neben dem Kyritzer das einzige seiner Art in der DDR.

Adresse Prenzlauer Straße 22, 17337 Uckerland OT Wolfshagen | **Pkw** A 11 Ausfahrt Gramzow, B 198 bis Wolfshagen, das Bodenreformdenkmal steht am Straßenrand neben der Bushaltestelle | **Tipp** Ein Rundgang durch das Dorf Wolfshagen ist nicht ohne Reiz. Neben einem kleinen Park mit Skulpturen beeindrucken das Fischerhaus und das Gärtnerhaus in Feldstein-Backstein-Bauweise.

98 Die Brikettfabrik Louise

Hüte dich vor dem Stachelwalzenbrecher!

1882 war es, als es noch keinen Strom gab, da wurde die »Louise« gebaut. Nur mit Dampf hat man damals zu Staub gemahlene Braunkohle in Brikettformen gepresst. Der Job der Heizer und Kesselwärter war so hart wie auf den ersten großen Passagierdampfern. Die Nachfrage nach Briketts stieg bald rapide an. Wenn man die Maschinen sieht, kann man sich kaum vorstellen, dass Louise noch bis 1991 für die Braunkohleveredlung Lauchhammer (VEB) arbeitete. Andererseits erklärt sich dadurch die noch fast vollständige Funktionsfähigkeit der Fabrik. Wer hat schon mal – außer bei historischen Dampfloks – einer lebendigen Dampfmaschine ins Getriebe geschaut? Mehrmals im Jahr baut sich in den Kesseln der Louise wieder Druck auf, und die Besucher können die erschütternden Arbeitsbedingungen bei der früheren Brikettfabrikation am eigenen Leib erfahren.

Wenn man sich den Prozess vor Augen führt, scheint alles ganz übersichtlich: Die Kohle kam per Dampflok an, wurde über Förderbänder in Zerkleinerer (Stachelwalzenbrecher!) und Trockner befördert, nochmals gemahlen und zu Briketts gepresst. Doch wenn es dann in die einzelnen Abteilungen geht, verschwindet der Zusammenhang unter dem labyrinthischen und verästelten Eindruck einer kafkaesken Anlage. Korridore mit riesigen Tanks, Batterien immergleicher Trichter und undefinierbare Verästelungen der Apparate. Eine Jules-Verne-Version des Raumtransporters »Nostromo« … Hier eingesperrt zu sein, versehentlich bei einer Führung verloren gegangen – nein, das möchte man sich nicht ausmalen.

Louise war die älteste und kleinste aller Brikettfabriken in der Lausitz, wo es einmal über 100 ihresgleichen gab. Heute werden nur noch im Industriepark »Schwarze Pumpe« bei Spremberg (neben dem gleichnamigen Kraftwerk) die echten »Lausitzer Rekord-Briketts« gepresst. Und von welchem weltbeherrschenden Konzern? Vatt für 'ne Frage …

Adresse Louise 111, 04924 Uebigau-Wahrenbrück OT Domsdorf | Pkw B 101 von Berlin bis Beutersitz, über Wildgrube nach Domsdorf | Öffnungszeiten April–Okt. täglich 10–16 Uhr, Nov.–März Mo–Fr 10–15 Uhr, Dez.–Feb. auf Anfrage | Tipp Das nahe Schilda wird als einziger Ort in Mitteleuropa oft mit den Schildbürgern in Verbindung gebracht. Das ungewöhnliche Fehlen von Fenstern in der Nordseite der Schildaer Kirche spricht eine klare Sprache!

99__Der Red Rock

Nur so ein kleiner Stein?

Wer in Brandenburg etwas toll findet, darf nicht glauben, die Brandenburger empfänden genauso. Nehmen wir zum Beispiel den Rothsteiner Felsen (der früher Preslowitzer Stein hieß). Auf die Bemerkung hin, dass er doch einzigartig sei, kommt prompt die landestypische Abwiegelung: »Ach, das ist doch bloß so ein kleiner Stein!« Bei aller Liebe zur Ortsmentalität: Das darf nicht auf dem 15 Meter hohen ältesten Naturfelsen Brandenburgs sitzen bleiben.

Der große Markgrafenstein ist im Vergleich ein kleiner Stein, aber doch nicht der Red Rock, den schon alte Karten von 1753 den »Großen Stein« nennen. Man kann wohl relativ schnell einmal um ihn herumlaufen, wenn man schmale Stege und Felsgrate nicht scheut, doch hinauf kann man meistens nur schauen, wenn man kein geübter Kletterer ist. Ursprünglich dürfte er doppelt so hoch gewesen sein, denn er lieferte jahrhundertelang Baumaterial und Straßenschotter, bis man ihn 1915 unter Naturschutz stellte.

Entstanden ist er wahrscheinlich im Kambrium, vor 500 Millionen Jahren, was ihn zum ältesten Naturfelsen Brandenburgs macht. Tektonische Beben und Vulkanausbrüche haben damals in der Tiefe befindliche Grauwacke zertrümmert, sodass sich Bruchspalten bildeten, die sich mit Milchquarz oder bräunlich-rotem Hornstein füllten. Die Rothsteiner Kieselsinterhornsteinwacke findet sich nur an wenigen Punkten auf der Erde.

Im Dreikaiserjahr 1888 wurde das erste Fest am Felsen gefeiert. 1952 hatte dann das heute noch stattfindende Rothsteiner Felsenfest Premiere. Jährlich geben sich im Juli Schausteller, Händler und Musikanten am Felsen ein Stelldichein. Von den Elbauenmusikanten über Guggenmusik bis hin zum Mittelalterrock von Ragnaröek war schon alles vertreten. Ein altes Plakat fliegt noch im Gebüsch herum, und man kann die Festivalatmosphäre erahnen: The Rock IV Open Air … da brennt die Luft … Von wegen: Nur so ein kleiner Stein!

Adresse 04924 Uebigau-Wahrenbrück OT Rothstein | **Pkw** B 101 von Berlin bis Beutersitz, über Wildgrube, Domsdorf nach Rothstein | **Tipp** Das Verlies im Lubwartturm von Bad Liebenwerda zeigt die Schattenseite des Red Rock. Die unteren Wände bestehen aus Rothsteiner Fels.

100_Die Slawenburg Raddusch

Graben, bis der Bagger kommt

Archäologen sind Idealisten. Als sie 1984 am Rand des Tagebaus Seese-Ost einen slawischen Burgwall freizulegen und zu untersuchen begannen, war nicht vorauszusehen, dass der Tagebau in den 1990ern stillgelegt und bis 2003 anstelle des vollständig ausgegrabenen und untersuchten Burgstumpfes eine originalgetreue neue alte Burg entstanden sein würde. Wie eine Radkappe liegt sie da in der flachen, fast baumlosen Steppe des einstigen Tagebaus.

Kommt man näher, wächst sie förmlich aus dem Boden und liegt schließlich unüberwindlich vor einem – eine slawische Fluchtburg wie vor 1.000 Jahren. Zumindest so, wie die Archäologen sie sich vorstellen, nach all ihren Grabungsfunden und Theorien. Die Enden zahlloser, exakt angeordneter Eichenstämme ragen waagerecht aus dem gestampften Lehm. Bestimmt zehn Meter hoch türmt sich das. Oben schützt ein Rutengeflecht den Späher, der auf dem Wall Patrouille geht. Zum Glück ist es heute nur ein Tourist, und die vermeintliche Lanze ist bloß ein Foto-Stativ.

Tritt man durch eines der beiden breiten Tore in den 1.000 Quadratmeter großen Slawenburghof, schockiert die stilbrechende Moderne: Der umlaufende, zehn Meter breite Wall beherbergt ein Restaurant, einen Museumsshop und das zugehörige Museum – die wohl spektakulärste Archäologiepräsentation in Deutschland. Nach dem Rundgang haben Begriffe wie Slawen, Lausitzer Kultur und Wenden, Mittelalter, Steinzeit, Römische Kaiserzeit und Germanen eine etwas handgreiflichere Bedeutung. Aber angesichts all der Urnen und Grabbeigaben ist ein kühles Getränk angesagt, vor allem, wenn man mit dem Fahrrad angereist ist.

Ob die slawischen Urlausitzer oder »Lusizi«, sollten sie je durch eine mysteriöse Zeitverwerfung ins Hier und Jetzt geworfen werden, wohl »ihre« Burg wiedererkennen und das Restaurant gutheißen, in dem ihnen kalter vergorener Gerstensaft vorgesetzt wird? Aber ganz sicher!

Adresse Zur Slawenburg 1, 03226 Vetschau/Spreewald OT Raddusch | **Pkw** A 13 Ausfahrt Boblitz, über Boblitz Richtung Raddusch (Zufahrt zur Slawenburg ausgeschildert) | **Öffnungszeiten** täglich 10–18 Uhr | **Tipp** Im »Spreewälder Hofladen« mit Eiscafé im Schulweg 2 in Raddusch gibt es Spreewaldspezialitäten und einen Streichel-Bauernhof mit Gans Charlie.

101 Das John-Heartfield-Haus

Beim Meister der Montagekunst

Aus Protest gegen das Kriegsgeschrei »Gott strafe England!« änderte Helmut Herzfelde seinen Namen in John Heartfield. Er betrachtete seine revolutionären Fotomontagen als Waffe gegen Krieg, Spießertum und Überheblichkeit. Den Bruder Wieland Herzfeldes, Gründer des Malik-Verlags, nannte George Grosz anerkennend den »Dada-Motor«, dessen provokante Arbeit »über einfache Klebekunststücke hinausging«.

Heartfield entwickelte aus Collagetechnik und einer kühnen Typografie seinen Stil und ließ beredte Zeichen seiner schrecklichen Zeit sprechen. Schwarze Zeigefinger etwa, gekreuzte Knochen oder ein Kindersarg treten wie Lettern aus den Montagen hervor. Es lag ein Stück Zeitgeist darin: So zerstückelt war die Welt. Die Collagen vermitteln durch simultanistische Darstellung den Eindruck chaotischer Gleichzeitigkeit, einer aus den Fugen geratenen »Weltsekunde«.

Die Zeitschrift »Neue Jugend«, herausgegeben von Franz Jung, erschien im Großformat wie die Londoner Times. Im Jahr 1917 war das ein unvorstellbar waghalsiges Projekt. Nicht nur wegen der Papierbeschränkung, sondern vor allem wegen der Gefahr, mit oppositionellen Schriften gefasst zu werden. Trotzdem erschienen die Ausgaben, bald in Vier-Farben-Druck, bald auf schwarzem Papier mit weißer Schrift. Die Zeitschrift hatte keine Lizenz und keine echte Verlagsadresse. Drucker und Polizei mussten getäuscht, gedruckte Exemplare binnen Stundenfrist verkauft sein. Heartfield trug die »Neue Jugend« an die größten Kioske, wo sie reißend wegging. Im Sommer 1950 verließ Heartfield sein Exil in England und zog mit seiner Frau in die DDR. Als John Heartfield aus gesundheitlichen Gründen Berlin verlassen wollte, empfahl ihm Bertolt Brecht den Umzug ins ruhige Waldsieversdorf. 1957 baute sich der Künstler dort ein Sommerhaus, das seit 2008 vom Freundeskreis Heartfield-Waldsieversdorf gepflegt und für Besucher geöffnet wird.

Adresse Schwarzer Weg 12, 15377 Waldsieversdorf | Pkw B 1 bis Müncheberg, B 168 nach Waldsieversdorf | Öffnungszeiten Mai–Okt. Fr–So 13–18 Uhr, Infos auch unter Tel. 033433/157782 | Tipp Kaffee und Kuchen gibt es in »Tilias Café«, Dahmsdorfer Straße 27; dort kann man auch nach dem Weg fragen. Eine ständige Heartfield-Ausstellung zeigt der »Waldkautz«, Wilhelm-Pieck-Straße 23.

102 Die Jugendhochschule der FDJ

Freundschaft am Bogensee

Die »Freie Deutsche Jugend« war eine Massenorganisation mit Erziehungsauftrag für die Jugend der DDR. Vor der Wende zählte sie über zwei Millionen Mitglieder, danach löste sie sich auf. Zu den vielen Beispielen dafür, dass die Wiedervereinigung nur eine »Wider-DDR-Vereinigung« war, gehörten die Versuche, das öffentliche Tragen des Blauhemds verbieten zu lassen. In der BRD war die FDJ als verfassungswidrig eingestuft.

Von 1946 an entstand unter Funktionär Walter Ulbricht (der 15 Jahre später die Berliner Mauer bauen ließ) die Jugendhochschule »Wilhelm Pieck« am Bogensee, im ehemaligen Anwesen des Reichspropagandaministers. In wenigen Jahren sollte aus dem Refugium des Aufpeitschers zum »Totalen Krieg« nach Ulbrichts Entwurf ein »Denkmal des Sozialismus« werden. Bis heute präsentiert sich die Innenausstattung dank des verschwenderisch luxuriösen Geschmacks ihres Bauherrn unsozialistisch feudal. Bei der Umgestaltung zu einem Denkmal des Sozialismus wählte die SED sanftes Fliederlila und zartes Altrosa für die Wandtäfelungen. Nicht zufällig ist der Plenarsaal der Wilhelm-Pieck-Hochschule mit Kinosesseln bestuhlt. Hier befand sich das Privatkino von Zarah-Leander-Fan Dr. Goebbels.

An der FDJ-Jugendhochschule studierten Kommilitonen aus sozialistischen Ländern, später auch Studenten aus der BRD, Dänemark und Griechenland. Bevor 1981 Helmut Schmidt zu Besuch kam, wurde für rund 70 Millionen DDR-Mark alles schick gemacht. Heute kostet die Instandhaltung den Berliner Senat jährlich über eine Viertelmillion Euro. Dringend wird ein Käufer gesucht. Der letzte Privateigentümer des Waldgrundstücks am Bogensee war Joseph Goebbels, dem es vom Land Berlin 1936 zum Geburtstag geschenkt wurde. So was passiert denen aber nicht noch mal.

Adresse 16348 Wandlitz OT Lanke | Pkw B 11 Ausfahrt Lanke | Öffnungszeiten Das bewachte Gebäude kann im Rahmen der Fototour des Berliner Fotoateliers go2know betreten und innen fotografiert werden, Tel. 030/32509366, www.go2know.de | Tipp Goebbels' Landhaus steht nebenan. Es ist nur von außen zu sehen und wirkt noch original erhalten.

103_Das ATZ

Knet dir einen Wolf!

Im ältesten Teil unseres Gehirns, dem Krokodilsgehirn, sitzt noch immer der Urmensch und reagiert instinktiv auf alles, was ihn stresst. Manchmal lässt er uns wünschen, wieder ohne Feuerzeug Feuer machen zu können, Bögen und Pfeile zu bauen, aus Baumstämmen Boote zu hauen und aus Flint Faustkeile, Speer- und Pfeilspitzen.

Das Archäotechnische Zentrum (ATZ) in Welzow hilft allen stillen Jägern und Sammlern, ihre Triebe auszuleben. Vor allem Kinder sind vom ursprünglichen Leben begeistert und können es während des Ganges durchs Museum kaum erwarten, in den Außenbereich zu kommen. In einem Lehrgarten werden dort wichtige alte Pflanzen kultiviert, die selbst kaum ein Erwachsener noch vom Hörensagen kennt: Einkorn, Emmer, Nackthafer, Lein, Johannisroggen.

Auf einer Sandfläche kann spielerisch Ausgrabung geübt werden. In Lehmöfen wird Brot aus Urgetreide gebacken, das Feuer mit Archäotechnik gemacht, versteht sich. Was und wie man früher mit Holz baute, wie ein mittelalterlicher Brunnen im Querschnitt aussah, was zum Spinnen alles gebraucht und wie es verwendet wird – dies und vieles mehr können Jung und Alt hier erfahren. Wer es beschaulicher mag, der darf sich im Arbeitskreis Keramik nach alten Vorlagen selbst einen Wolf kneten.

Der Begriff Archäotechnik ist übrigens vergleichsweise jung. Er umschreibt eine Art von »Living History«, die sich der vor-, ur- und frühgeschichtlichen Arbeitstechniken annimmt. Der Archäotechniker nutzt die Ergebnisse der experimentellen Archäologie und lernt im Nachvollzug, wie der frühere Mensch sein Leben meisterte. Das ATZ ist auf allen archäologischen Gebieten experimentell innovativ: Ein Hauptschwerpunktthema ist dabei das frühe Holz, seine Konservierung und Restaurierung – so werden in Zusammenarbeit mit dem Archäologischen Landesmuseum im Clarasee Versuche unternommen, Holzfunde früher Epochen dauerhaft zu lagern.

Adresse Fabrikstraße 2, 03119 Welzow, Tel. 035751/28224, www.atz-welzow.de | **Pkw** A 13 Ausfahrt Großräschen, B 96 über Großräschen, B 156 Richtung Spremberg links ab nach Welzow | **Öffnungszeiten** Nov.–März Di–Fr 11–16 Uhr, April–Okt. Di–So 11–17 Uhr | **Tipp** Die schwarze Pumpe, die dem VEB Gaskombinat Schwarze Pumpe seinen schmutzigen Namen gab, steht wieder vor dem heutigen Kraftwerk. In der Welzower Straße in Proschim sieht man dagegen ein spektakuläres fahrbares Lokomobile vom Typ »Badenia«.

104 Der Tagebau

Wo Brandenburg sich selbst verkohlt

Ein halber Kilometer Kraterpiste führt zum Aussichtspunkt Welzow-Süd. Feinstaub pfeift je nach Windstärke in Sandsturmqualität über die Wüste. In hitzeflimmernder Ferne rödelt eine F60-Abraumeinheit, die größte bewegliche Arbeitsmaschine auf dem Mond Vattenfall. Große Schautafeln zeigen, was hier unternommen wird, um an jenen nassen braunen Mulch zu kommen, der nur ein Drittel des Heizwertes von Steinkohle hat. Der Energiegigant setzt alles daran, auch noch den letzten Brösel Braunkohle auszugraben. Ein halbes Dutzend künftige Tagebaue sind geplant, und selbst vor stillgelegten und rückgebauten will man in ferner Zukunft nicht mehr haltmachen. Tausende von Menschen werden noch ihr Zuhause verlieren, wenn die Landeregierung nicht endlich einen gesetzlichen Schlussstrich zieht.

In weiten Teilen Deutschlands kommt die Lausitz aus der Steckdose. In Welzow-Süd wird das zweite Lausitzer Flöz abgebaut: inkohlte Wälder des Miozän, fünf bis 25 Millionen Jahre lang gelagert und in knapp 100 Jahren ausgegraben, getrocknet, zu Kohle und Koks verarbeitet und in nahe gelegenen Kraftwerken verheizt. Die Mengen Brauchwasser der Vattenfall-Kohle-Kraftwerke Jänschwalde, Boxberg und Schwarze Pumpe liegen bei über 100 Millionen Kubikmetern im Jahr – Wasser, das die »Wolkenmaschinen« einfach in den Himmel pusten. 230 Millionen Kubikmeter Grundwasser pumpt Vattenfall pro Jahr aus den Tagebauen, um in die nötige Tiefe zu kommen.

In der Lausitz sinkt der Grundwasserspiegel drastisch, wie etwa das Baumsterben bei Jänschwalde zeigt. Durch die Zerstörung der natürlichen Grundwassersperren wird bei Flutung der Alttagebaue Ocker freigesetzt, der seinen Weg in die Fließgewässer findet. Von einer qualitativen Veränderung des Grundwassers ist auszugehen. Mit der »heilen« Seen-Welt nach dem Rückbau ist es erst einmal Essig, wenn man den Sulfatgehalt des Bergbaufolgewassers betrachtet …

Adresse 03119 Welzow – Tagebau Welzow-Süd | Pkw A 13 Ausfahrt Großräschen, B 96 über Großräschen, B 156 Richtung Spremberg links ab, über Welzow nach Neupetershain, vor dem Löschteich rechts ab zum Aussichtspunkt (ausgeschildert) | Tipp Mit dem Jeep durch den Tagebau zu düsen, ermöglicht »Excursio Bergbautourismus«, Tel. 035751/275050, www.excursio.info.

105 Der erste Flughügel

Vom Schritt zum Sprung, vom Sprung zum Flug …

Otto Lilienthal, der Recke aus Anklam mit dem heroischen Blick, war ganz sicher ein völlig verrückter Kerl. Doch kein Phantast! Mit seinem Bruder Gustav betrieb er eine zeitweise einträgliche Maschinenfabrik. Dabei hatten von seinen 24 Patenten nur vier Flugapparate zum Inhalt. Am bekanntesten und noch heute erhältlich ist der allseits beliebte Anker-Steinbaukasten. Auch sein Buch »Der Vogelflug als Grundlage der Fliegekunst« von 1889 gilt noch immer als Klassiker für angehende Flieger und Retro-Aviatiker.

Nach ersten Stehübungen gegen den Wind, gefolgt von Sprüngen vom Sprungbrett im Garten machte er ab 1891 märkische Hänge und märkisches Gras unsicher. Am Mühlenberg bei Derwitz, bei der Windmühle von Hermann Schwach, schaffte er die ersten Gleitflüge in freier Wildbahn – an einem stets verbesserten Gestell aus Weidenholz, bespannt mit gewachstem Baumwollstoff, auch »Derwitzer Apparat« genannt (Spannweite: 7 Meter, Länge: 3,90 Meter, Gewicht: 18 Kilogramm). Fotos zeigen die kleine Privat-Gaudi: Lilienthal als kopfloser Flugfrosch am Himmel, knapp darunter Müller Hermann Schwach und Helfer Hugo Eulitz mit gespielt desinteressierten Mienen. Heute hat sich der Wald des einstigen Sprunghanges bemächtigt.

Hier kann man ihn im Geiste über sich starten hören. Na denn man los, mag der Unerschrockene gemurmelt, Gut Holz!, wird der Müller gerufen haben oder: Mach mir ja meine Mühle nicht kaputt! Dann hat der Fotograf Carl Kassner seine Kamera ausgelöst und staunend den Kopf unterm schwarzen Tuch herausgestreckt. 25 Meter! 25 … haben sie alle beim Bier vor der Mühle nur kopfschüttelnd wiederholt. Verdammt, und das ist erst der Anfang! Nur eine steinerne Schwelle zeigt an, wo Lilienthals Sprungwade sich spannte. Unweit wurde dem Gleiter 100 Jahre später ein fragiles Denkmals-Gestell errichtet. Weit kann man von dort ins Land schauen und sich in die Lüfte träumen.

Adresse 14542 Werder OT Derwitz | Pkw A 10 (Berliner Ring) Ausfahrt Groß Kreutz, B 1 bis Derwitz (Weg zum Lilienthal-Denkmal Richtung Groß Kreutz OT Krielow ausgeschildert) | Tipp Im aparten Lilienthal-Gedenkhaus vor der Derwitzer Dorfkirche findet man eine kleine, feine Lilienthal-Ausstellung.

106 Die Wiesenburggrotte

Ein Garten, grottenschön

Vom Haupteingang des Schlossgartens führt ein Weg zum Parterre unter der Terrasse. Hier wachsen Kugelfichten und umrahmen Beete, so akkurat gepflegt, dass die leuchtend bunten Blüten wie die Zuckergussgarnitur einer Torte aussehen. Eine herrschaftliche, perfekt angelegte Blickachse von der Terrasse zum Rand des Gartens weckt im Betrachter den stolzen Schlossbesitzer.

Links davon, auf einer sumpfig-grünen Wiese, liegt die Grotte. Kaum ein Tourist verirrt sich hierher, zu leicht bekommt man Matsch an die Schuhe oder einen Grasfleck ans Hosenbein. In der kühlen, dämmrigen Grotte steht ein Steinbänkchen, breit genug für zwei. Der einstige Schlossherr, der den 13 Hektar großen Garten anlegte, war Curt Friedrich Ernst von Watzdorf. Auf seinen Reisen durch halb Europa hat er die schönsten Landschaftsparks gesehen. Sein Schlossgarten sollte ein märchenhaftes Gartenbaukunstwerk werden. Die Grotte im Park war ein Stilelement, das zur damaligen Zeit viele Bewunderer hatte, entworfen und gebaut von Grottenbaumeistern, den »Grottierern«. Wie beliebt deren Arbeiten damals waren, zeigt die Rocaille, das muschelförmige Ornament, das ursprünglich aus den Grotten der Renaissanceschlösser stammte und zum omnipräsenten Dekor des Rokoko wurde.

War die Mode seiner Zeit für Curt Friedrich Ernst von Watzdorf der einzige Grund, sich eine verborgene kleine Grotte für sein bedeutendes Gartendenkmal bauen zu lassen? Seit der Antike galten die geheimnisvollen, lauschigen Wasserhöhlen als Aufenthaltsort von Nymphen, zerbrechlich zarter Wassermädchen, wunderschön und unerreichbar.

Dem Schlossherrn war das Herz vor Sehnsucht schwer, als er seinen Park anlegen ließ. Seine unerfüllte Liebe zur Prinzessin von Württemberg lenkte seine Phantasie, als er sich den empfindsamen, geheimen Ort erschuf, an dem er von seiner unerreichbaren Prinzessin träumen konnte.

Adresse 14827 Wiesenburg/Mark | **Pkw** A 2 Ausfahrt Brandenburg, B 102 bis Belzig, B 246 nach Wiesenburg (Weg zum Schloss ausgeschildert) | **Öffnungszeiten** Museum Okt. – März Mo – Fr 10 – 16 Uhr, April – Sept. Mo – Fr 10 – 17 Uhr, Sa, So, feiertags 10 – 18 Uhr | **Tipp** Am Kunstwanderweg zwischen Wiesenburg und Belzig stehen jede Menge Skulpturen in freier Landschaft, www.flaeming.net.

107 Das Schaukelschiff

Sinnbild der wechselhaften Zeitläufe

Die Wittenberger sind stolz auf ihre Stadt. Nach den Jahren der Wende-Eiszeit sind die meisten Geschiebefelder beräumt, und nur noch hin und wieder stößt man auf offene städtebauliche Fragen. Wenn man sich nach dem Weg zur »Zeitreise« erkundigt, einer Skulptur des DDR-Bildhauers Christian Uhlig, wird man da leichthin mal von der alten Gänseburg über so einen Schlammpfad zur »Elbkante« geschickt, wie das Ufer des Flusses hier heißt.

Brandenburgs Elbmetropole hat ihren Namen von den weißen Sandbergen des eiszeitlichen »Sanders« zur Altmoränenhochfläche der Prignitz hin: Auf den »witten bergen« standen noch bis ins letzte Jahrhundert Windmühlen, deren Flügel die Elbschiffer weithin grüßten und winkend verabschiedeten. Seit Urzeiten bestimmte die Schifffahrt hier den Handel und Wandel. Im Grundriss ist die Urzelle der Stadt denn auch wie ein Schiff angelegt. Die Kirche hat ihren Platz da, wo seit jeher der Mast hingehört.

Nach verheerenden Stadtbränden wiederaufgebaut, in der Gründerzeit zur wirtschaftlichen Blüte gelangt – von der noch heute ein beeindruckendes Jugendstilviertel im Heisterbusch und die erste Mustersiedlung von Walter Gropius Zeugnis geben –, war Wittenberge lange Zeit ein Zentrum des Nähmaschinenbaus und der Eisenbahn. Das größte Eisenbahnmuseum Brandenburgs lockt die Schienennarren aus aller Welt an, und im Reparaturwerk werden noch immer die Reisezüge der DB überholt.

Da, wo früher das Elbtor die Stadt sicherte, bietet Christian Uhligs Bronzeskulptur einen handgreiflichen Eindruck vom Auf und Ab der Wittenberger Geschichte. Ein sanfter Druck genügt, und das Stadtschiff schaukelt auf Augenhöhe auf den Elbwellen. Die Stadt als Arche. Aber auch als Narrenschiff, in dem nicht immer alle in die gleiche Richtung rudern. »Humor und den Willen, nicht unterzugehen«, wie der Künstler es formulierte, wünscht man den Stadtschiffbewohnern auch für alle Zukunft!

Adresse Elbstraße 11, 19322 Wittenberge | Pkw A 24 Ausfahrt Pritzwalk, B 189 bis Wittenberge | Tipp Pralinenmanufaktur Albertje in der Wilhelmstraße 6 ist die beste Prignitzer Confiserie, www.chocolaterie-albertje.com

108 Die Fallschirmsprungschule

Nazibau im freien Fall

»›Und Rolleeee vorwärts!‹ Thomas Lieven, alias Jean Leblanc, alias Pierre Hunebelle, alias Eugen Wälterli, purzelte nach vorne. Man schrieb den 3. Februar 1943. Es war kalt, und der Himmel über der Mark Brandenburg glich einem grauen Tuch. Ununterbrochen erfüllte das Dröhnen der niedrig fliegenden Schulmaschinen die Luft.«

Der Held in Simmels Erfolgsroman »Es muß nicht immer Kaviar sein« kocht ausgerechnet in Wittstock »einen tollwütigen Feldwebel weich«. Die Halle, in der er abrollte, steht heute noch: eine beeindruckende Stahlbetonkonstruktion von 1939. In der Fallschirmsprungsschule der Wehrmacht übten auch berühmte »echte« Persönlichkeiten ihre Rolle im NS-Staat: Max Schmeling etwa, der einst durchblicken ließ, dass ein Weltklasseboxer nicht automatisch Springer-As ist. Echte Fallschirmspringer waren damals jedoch zum Letzten entschlossen: Ein früher Kommandeur, Oberstleutnant Herbert von Gratzy, Autor des Klassikers »Kamerad Fallschirm«, verunglückte 1940 bei einem Rekordversuch.

Auf dem Rollfeld des späteren sowjetischen Fliegerhorsts ist inzwischen ein Solarkraftwerk beeindruckenden Ausmaßes gelandet, doch die Nazibauten und die Sowjetkasernen werden noch Jahrzehnte brauchen, bis sie ganz am Boden angekommen sind. Das Gelände ist riesig und von Krieg getränkt. Stalins Sohn Wassili hat hier gedient, und die erste Kosmonautin, die 1984 knapp vier Stunden im Weltraum spazieren ging – Swetlana Sawitzkaja – kam (inoffiziellen Quellen zufolge) im hochmodernen Klinikum des Fliegerhorsts auf die Welt, das trotz Völkerfreundschaft ausschließlich den Sowjets zur Verfügung stand.

Wer hier unangemeldet herumstreunt, riskiert Kopf und Kragen – nicht nur, weil alles unter Denkmalschutz steht, sondern weil der rapide Zerfall lebensgefährlich ist. Wer sich in Wittstock aber zur Führung auf eigenes Risiko anmeldet, wird aus dem Staunen und Gruseln nicht herauskommen.

Adresse 16909 Wittstock OT Alt-Daber | **Pkw** A 19 Ausfahrt Wittstock, am Bahnhof links in die Ringstraße, über Rote-Mühle-Weg aus Wittstock, erst kurz Richtung Alt-Daber, zum Solarpark gleich nach rechts | **Öffnungszeiten** Betreten nur im Rahmen einer Führung erlaubt, Tel. 03394/440087 und 433725, www.mdk-wittstock.de | **Tipp** Im Belower Wald erinnert eine ungewöhnliche Gedenkstätte an einen Todesmarsch, der dort endete, www.stiftung-bg.de.

109 Der Archäologische Park Freyenstein

Pompeji mit größter Unterhose von Brandenburg

Unter der Wiese liegt die versunkene Stadt. Freyensteins spektakuläre Ausgrabungsstätte sorgte in den letzten Jahren immer wieder für großes Aufsehen. Selbst kühnste Archäologenträume wurden übertroffen, als ein Forscherteam unter den weiten Wiesen sichere Hinweise auf eine versunkene Burg fand.

Wissenschaftlich ist es ein Glücksfall, dass die gesamte Fläche über der verlassenen Stadt (auch Stadtwüstung genannt) unbebaut blieb. Um die unterirdischen Ruinen zu erhalten, fand man technische Möglichkeiten der zerstörungsfreien Erforschung. Mit Hilfe geomagnetischer Messungen stießen Archäologen auf zwei eindrucksvolle Gräben, die den Grundriss der eingesunkenen Burg markieren. Was hier beim Ausheben an Erde gewonnen wurde, schütteten die Freyensteiner zum Burgwall auf. Ihre Burg bestand nicht nur aus Steinmauern, sondern war eine imposante Festungsanlage. Aus Tiefe und Breite des Grabens ermittelte man den enormen Umfang des Walls, der drei Meter hoch gewesen sein dürfte.

Beim Spaziergang über die jahrhundertealte Feldsteinstraße fühlen sich Besucher des geheimnisvollen Ortes, als wanderten sie ins Mittelalter. Kindgerecht angebrachte Tafeln und leicht verständliche Texte bringen kleinen Parkbesuchern den Traumberuf Archäologe greifbar nahe. Bilder verdeutlichen anschaulich, was die Forscher wo ausgebuddelt haben.

So beweisen zahlreiche Funde von Schlackeklumpen, dass ein vielbeschäftigter Schmied an der alten Feldsteinstraße von »Vriegenstene« lebte. Mit dem Beschlagen der Pferde und der Fertigung von Waffen kam er kaum nach, denn die Stadt wurde erbittert von zahllosen Feinden umkämpft. In einer nahe gelegenen Niederung, wo sie sich besser verteidigen ließ, gründeten die Freyensteiner 1287 ihre Stadt neu, allerdings diesmal nur halb so groß.

Adresse 16909 Wittstock OT Freyenstein | Pkw A 24 Ausfahrt Meyenburg, B 103 bis Meyenburg, rechts ab nach Freyenstein (ausgeschildert) | Öffnungszeiten April – Okt. Mo – Fr 10.30 – 16.30 Uhr, Sa, So 13 – 17 Uhr, Nov. – März nach Voranmeldung | Tipp Ohne das Alte Schloss gesehen zu haben, darf man Freyenstein nicht verlassen: Es steht hinter dem Neuen Schloss und sieht aus wie abgebissen.

110_Der jüdische Friedhof

Wir schreiben das Jahr 5774

Die Wriezener Juden waren arm und gingen meist hökernd von Haus zu Haus. Nur einer, Zadeck Hirsch, gründete 1773 eine Schnallen- und Hakenfabrik, von jüdischen Unternehmern aus Berlin mitfinanziert. Doch das Geschäft ging schon 1812 wieder bankrott, gerade als die preußischen Reformen auch den Juden zugutekamen. Vertreibung und Ermordung durch die Nazis beendeten das jüdische Leben in Wriezen. Die letzte Beerdigung fand 1940 statt. Die Gedenkstätte Yad Vashem in Jerusalem bewahrt die Erinnerung an 56 namentlich bekannte in KZs ermordete Wriezener Juden.

Der jüdische Friedhof in Wriezen ist einer der am besten erhaltenen in Brandenburg. Er überstand die Nazizeit unbeschadet und wurde in den 80er Jahren sorgfältig restauriert. Weil danach die Neonazis die Friedhofsanlage schändeten, ist der Eingang heute verschlossen. Wer sich jedoch den Schlüssel im Rathaus holt, kann hier eine Menge über jüdische Begräbniskultur lernen. Keiner der erhaltenen 131 Grabsteine ragt über etwa zwei Meter auf, womit das Ideal verwirklicht wurde, dass sich im Tod keiner über den anderen erheben soll. Salomon Marcuses Grab aus dem Jahr 1865 befindet sich am äußersten Rand des alten Friedhofs, denn Salomon Marcuse hat Selbstmord begangen.

An den Inschriften werden die Eigenheiten der jüdischen Namensgebung und des jüdischen Kalenders deutlich. Neben den deutschen Namen finden sich der hebräische Vorname des Verstorbenen und der Name seines/ihres Vaters. Beim Mann war dies der »Synagogenname«, mit dem er in der Synagoge zur Thora-Lesung aufgerufen wurde. Meist ist nur das Sterbedatum nach dem jüdischen Mondkalender angegeben. Die Monate beginnen hier mit dem Neumond und haben eigene Namen. Das Jahr fängt mit dem ersten Tag des Monats Tischri, der im September oder Oktober liegt. Die Jahre dagegen werden seit »Erschaffung der Welt« gezählt, die laut Thora vor 5774 Jahren erfolgte.

Adresse Siedlungsweg, 16269 Wriezen | **Pkw** B 158 von Berlin bis Bad Freienwalde, B 167 nach Wriezen, von der Freienwalder Straße schräg gegenüber der Tankstelle in den Kastanienweg einbiegen und gleich links die Schlaglochpiste Siedlungsweg, diese leider bis zum Ende | **Öffnungszeiten** Den Schlüssel gibt es in der Stadtverwaltung Wriezen, Tel. 033456/49196 | **Tipp** Im Sommer schippert die Fähre »Bez Granic« bei Güstebieser Loose über die Oder nach Polen. Das Brandenburgische Freilicht- und Erlebnismuseum Altranft ist immer besuchenswert.

111_Der Ziegeleipark

Some like it hot

Der Fußboden vor dem Ofen wurde so heiß, dass Schuhsohlen aus Gummi drauf geschmolzen wären. In Holzschuhen beschickten die Arbeiter den riesigen Ringofen mit Tonziegeln, die bei wahnsinnigen 1.150 Grad Celsius gebrannt wurden. Rund um die Uhr wurde in atemversengender Hitze geschuftet. Auf dem Höhepunkt der Produktion stieß die Ziegelei in einem einzigen Jahr 625 Millionen rote Ziegel aus.

Der Hoffmannsche Ringofen (1859 von Baumeister F. E. Hoffmann patentiert) lieferte Ziegel in nie geahnter Menge und Qualität. Als in Brandenburg beim Bau einer Eisenbahnstrecke enorme Tonvorkommen zutage kamen, ging die Produktion an den Start. Auf Schiffen wurden die Ziegel nach Berlin geschafft, das damals einen explosiven Bauboom erlebte. Aus dieser Zeit stammt der Spruch: »Berlin ist aus dem Kahn gebaut.«

Heute präsentiert sich der Ringofen schaurig und stylish wie eine superedle Location des gehoben morbiden Geschmacks. Ausgerüstet mit einem neonweiß leuchtenden Kunstziegel, zieht es den Besucher unwiderstehlich in die dunklen, kalten Brennkammern. Eine Klanginstallation erinnert beinahe kunstvoll an die Soundkulisse des arbeitenden Ringofens und der alten Maschinen. Lichtprojektionen an den Wänden locken den gebannt irrlichternden Besucher ins Labyrinth der gespenstischen Entdeckungen.

Auf dem Gelände gibt es volles Programm für die ganze Familie. In einer originalen Ziegeleibahn fährt man auf den alten Gleisen durch die Industrieanlage und staunt, wie groß sie ist. Dampflokfans kommen auf der Fahrt durch die historische Tonstichlandschaft auf ihre Kosten. Erwähnt seien auch die Handwerkertage, bei denen im Handstrichverfahren die Besucher ihren eigenen Ziegel herstellen. Eine Glückszahl, ein besonderes Datum oder Namen können von Hand hineingraviert werden. Jeder Ziegel wird gebrannt und ist danach fest und haltbar »wie gekauft«.

Adresse Ziegelei 10, 16792 Zehdenick OT Mildenberg, Tel. 03307/310410, www.ziegeleipark.de | **Pkw** B 96 bis Altlüdersdorf über Zabelsdorf, Ribbeck nach Mildenberg | **Öffnungszeiten** Ende März–Okt. täglich 10–18 Uhr | **Tipp** Der berühmte Maler Kurt Mühlenhaupt lebte und arbeitete in Bergsdorf, wo heute Kunstinteressierte ein- und ausgehen.

2
A20
A14
MECKLENBURG-VORPOMMERN
A19
Neubrandenburg
A20
1
A11
A24
Wittstock/
Dosse
A11
Elbe
Eberswalde
A24
BRANDENBURG
Oder
Stendal
A111
A10
BERLIN
A10
Brandenburg
a.d.Havel
A115
A113
Frankfurt
(Oder)
A2
A2
Magdeburg
A9
SACHSEN-
ANHALT
A13
Elbe
Cottbus
A15
A13
A14
A9
Leipzig
Elbe
A38
N
A14
SACHSEN
0
15 km
A4
Kartographie: www.altancicek.de
Dresden
3

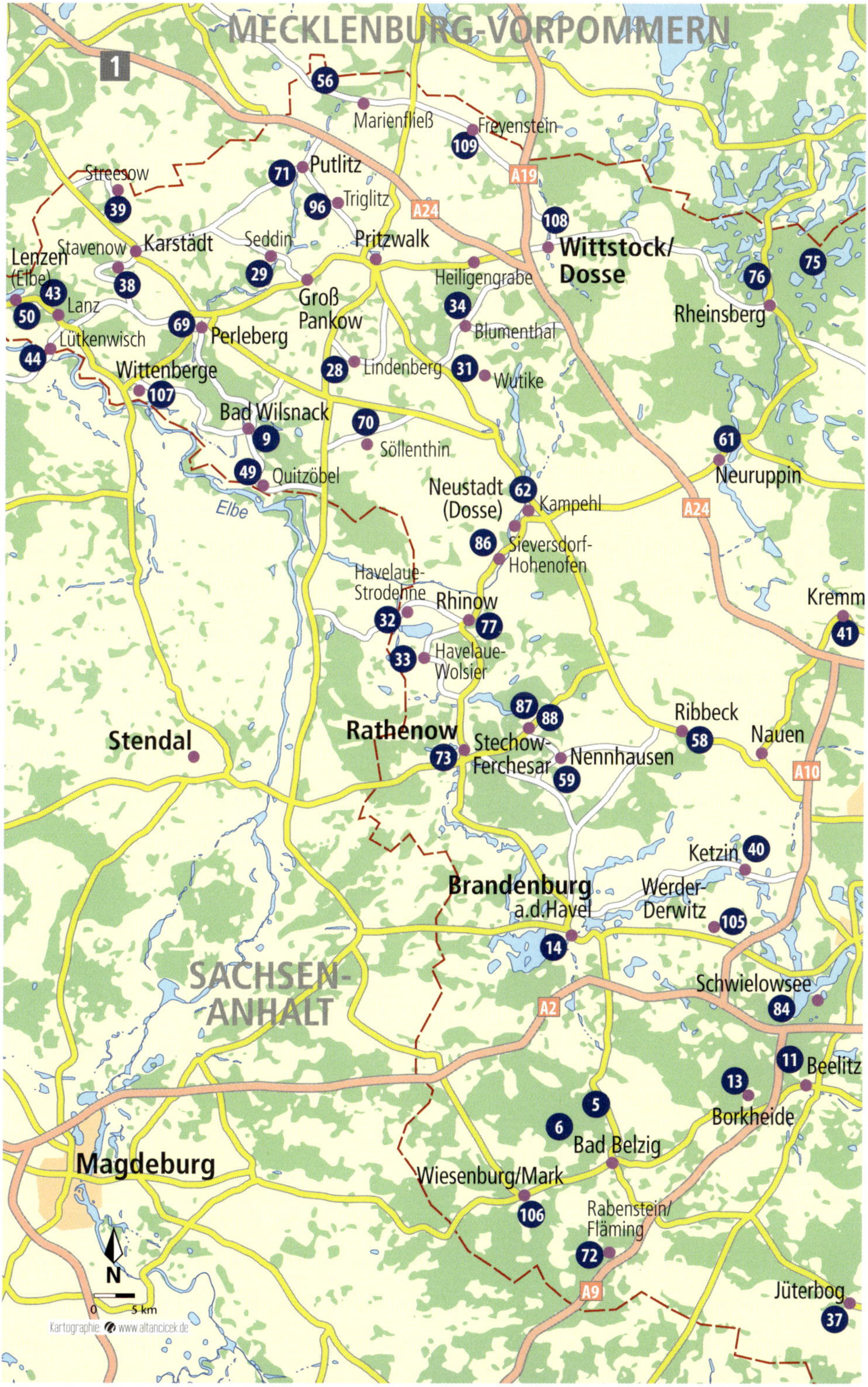
MECKLENBURG-VORPOMMERN
1
56
Marienfließ
Freyenstein
109
A19
Putlitz
71
Streesow
39
96
Triglitz
A24
108
Wittstock/
Dosse
Pritzwalk
Seddin
Karstädt
Stavenow
Lenzen
(Elbe)
29
Heiligengrabe
76
75
38
43
Groß
Pankow
34
Rheinsberg
50
Lanz
69
Perleberg
Blumenthal
Lütkenwisch
44
28
Lindenberg
31
Wutike
Wittenberge
107
Bad Wilsnack
70
9
Söllenthin
61
Neuruppin
49
Quitzöbel
Neustadt
(Dosse)
62
Kampehl
Elbe
A24
86
Sieversdorf-
Hohenofen
Havelaue-
Strodehne
Rhinow
Kremm
32
77
41
33
Havelaue-
Wolsier
87
88
Ribbeck
Rathenow
58
Nauen
Stendal
Stechow-
Ferchesar
73
Nennhausen
59
A10
Ketzin
40
Brandenburg
a.d.Havel
Werder-
Derwitz
105
14
Schwielowsee
SACHSEN-
ANHALT
84
A2
11
Beelitz
13
5
Borkheide
6
Bad Belzig
Magdeburg
Wiesenburg/Mark
106
Rabenstein/
Fläming
72
N
0
5 km
A9
Jüterbog
37
Kartographie: www.altancicek.de

2
N
0 5 km
Kartographie: www.altancicek.de
MECKLENBURG-VORPOMMERN
Neubrandenburg
A20
97
Wolfshagen
Stettin
Prenzlau
A11
Oberuckersee-Potzlow
67
93
Templin
26
Dannenwalde
Schwedt/
Oder
82
111
Glambeck
94
25
4
83
Gransee
Zehdenick
Joachimsthal
Angermünde
36
52
POLEN
Liebenwalde
Eberswalde
20
A11
Bad Freienwalde
(Oder)
68
102
Wandlitz
7
110
Oderaue
Wriezen
Oder

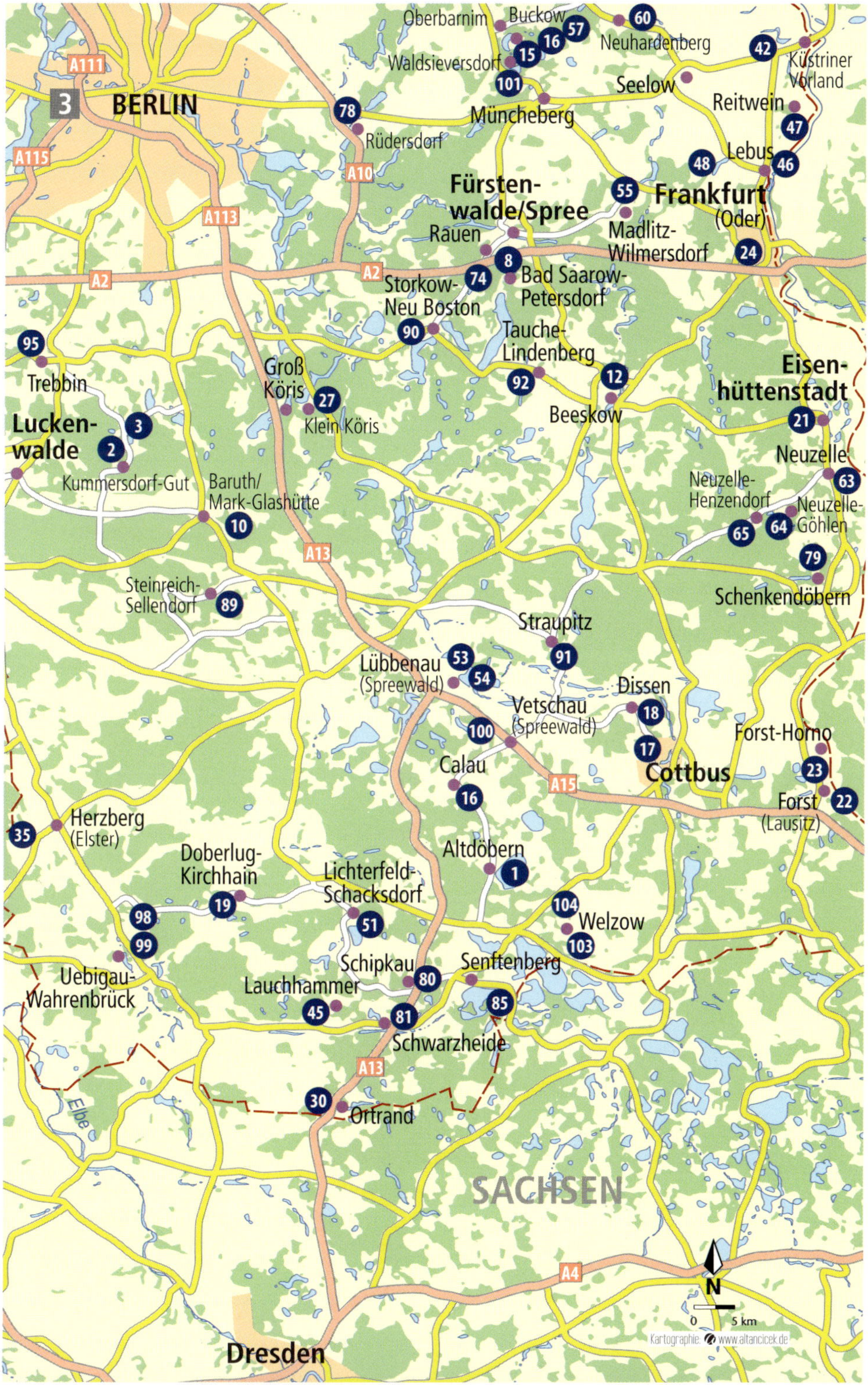
3
BERLIN
A111
A115
A113
A10
A2
A13
A15
A4
Oberbarnim
Buckow
Waldsieversdorf
Neuhardenberg
Küstriner Vorland
Seelow
Reitwein
Müncheberg
Rüdersdorf
Lebus
Fürsten-walde/Spree
Frankfurt (Oder)
Rauen
Madlitz-Wilmersdorf
Bad Saarow-Petersdorf
Storkow-Neu Boston
Tauche-Lindenberg
Beeskow
Eisen-hüttenstadt
Neuzelle
Neuzelle-Henzendorf
Neuzelle-Göhlen
Schenkendöbern
Trebbin
Lucken-walde
Kummersdorf-Gut
Groß Köris
Klein Köris
Baruth/Mark-Glashütte
Steinreich-Sellendorf
Straupitz
Lübbenau (Spreewald)
Vetschau (Spreewald)
Dissen
Cottbus
Forst-Horno
Forst (Lausitz)
Calau
Altdöbern
Herzberg (Elster)
Doberlug-Kirchhain
Lichterfeld-Schacksdorf
Welzow
Uebigau-Wahrenbrück
Schipkau
Senftenberg
Lauchhammer
Schwarzheide
Ortrand
Elbe
SACHSEN
Dresden
N
0 5 km
Kartographie: www.altancicek.de
60 57 16 15 101 42 78 47 48 46 55 24 8 74 90 92 12 21 63 65 64 79 95 3 2 27 10 89 53 54 91 18 100 17 16 23 22 35 1 104 103 19 98 99 51 80 45 81 85 30

Rüdiger Liedtke
111 Orte auf Mallorca, die man gesehen haben muss
ISBN 978-3-89705-975-7

Susanne Thiel
111 Orte in Madrid, die man gesehen haben muss
ISBN 978-3-95451-118-1

Ralf Nestmeyer
111 Orte in der Provence, die man gesehen haben muss
ISBN 978-3-95451-094-8

Peter Eickhoff
111 Orte in Wien, die man gesehen haben muss
ISBN 978-3-89705-969-6

Stefan Spath
111 Orte in Salzburg, die man gesehen haben muss
ISBN 978-3-95451-114-3

Regine Zweifel
111 Orte in Paris, die man gesehen haben muss
ISBN 978-3-89705-823-1

Dirk Engelhardt
111 in Barcelona, die man gesehen haben muss
ISBN 978-3-95451-066-5

John Sykes
111 Orte in London, die man gesehen haben muss
ISBN 978-3-95451-117-4

Annett Klingner
111 Orte in Rom, die man gesehen haben muss
ISBN 978-3-95451-219-5